Interaktion

flüchtig

orialisierung

-Effekt

moment

Körper

Bewegung

Abort

Museum

Raum

Lieu

espace

Architektur

Institution

Inszenierung

Szenografie

Kristine Preuß, Fabian Hofmann (Hrsg.)

Kunstvermittlung im Museum

Ein Erfahrungsraum

Waxmann 2017
Münster • New York

Die Veröffentlichung wurde gefördert von der
Fliedner Fachhochschule Düsseldorf

Bibliografische Informationen der Deutschen Nationalbibliothek
Die Deutsche Nationalbibliothek verzeichnet diese Publikation in der Deutschen Nationalbibliografie; detaillierte bibliografische Daten sind im Internet über http://dnb.dnb.de abrufbar.

Print-ISBN 978-3-8309-3545-2
E-Book-ISBN 978-8309-8545-7

Steinfurter Straße 555, 48159 Münster

www.waxmann.com
info@waxmann.com

Umschlaggestaltung: Pleßmann Design, Ascheberg
Titelbild und Illustrationen: Lena Hällmayer (Illustratorin)
Satz: Sven Solterbeck, Münster

Gedruckt auf alterungsbeständigem Papier,
säurefrei gemäß ISO 9706

Printed in Germany

Inhalt

Epilog

Einleitung

Das Museum ist im Wandel, die Kunst ist im Wandel, die Vermittlung ist im Wandel. Doch wohin werden diese Veränderungen führen? Welche Veränderungen sind derzeit zu beobachten? Welche Änderungen wären notwendig?

Diesen Fragen soll sich der Sammelband „Kunstvermittlung im Museum. Ein Erfahrungsraum" aus verschiedenen theoretischen und praktischen, auch persönlichen Perspektiven zuwenden. Er versammelt Ideen, Visionen, Einschätzungen und Vermutungen über zukünftige Entwicklungen und Herausforderungen der Vermittlung in, durch und mit Kunstmuseen. Die einzelnen Beiträge der Autor/-innen sowie die zusammenfassende Übersicht sollen eine gemeinsame Kartierung aktueller und zukünftiger Entwicklungen in der Kunstvermittlung leisten: Welches Verständnis von Kunstvermittlung im Museum besteht aktuell und wie wird es weiter entwickelt?

Mit dieser Publikation möchten wir, die Herausgeber/-in, einen fokussierten Blick auf das Feld der Vermittlung im Kunstmuseum werfen: Welche Perspektiven auf Kunstvermittlung im Museum sind zeitgemäß bzw. sind zukunftsfähig? Welche Visionen und Herausforderungen gibt es?

Dazu haben wir einerseits gezielt Autor/-innen angesprochen, zusätzlich aber in einem open call zur Mitarbeit eingeladen, aus Neugierde auf unbekannte Perspektiven auf unser Feld. Auf diese Weise finden sich Museumspraktiker/-innen und Wissenschaftler/-innen aus (Kunst-) Pädagogik, Soziologie, Psychologie und Kunstgeschichte zusammen, die das klassische Verständnis des Museums (zuerst als „Musentempel", dann als „Lernort", s. S. 10) im Hinblick auf Pädagogik aktualisieren. Empirische Studien, Erfahrungen aus der Praxis, theoretische Konzepte und pädagogische Visionen werden hier zusammengeführt.

Aus unserer Sicht gewinnt die Kunstvermittlung zunehmend an öffentlicher, (bildungs-)politischer und wissenschaftlicher Aufmerksamkeit, was eine Chance für Weiterentwicklung und Professionalisierung birgt.

In den Beiträgen dieses Bandes zeigt sich, dass dafür das Erscheinen im phänomenologischen Sinn zum zentralen Bezugspunkt wird:

Das Museum ist ein Ort, in dem Besucher/-innen etwas erscheint bzw. für Besucher/-innen zum Erscheinen gebracht wird. Dies bildet für die Kunst- bzw. Museumspädagogik einen entscheidenden neuen Ansatzpunkt (ausführlicher s. S. 11 ff., die daraus hervorgehenden Konsequenzen für die Museumspädagogik s. S. 23 f.). Und in diesem Sinne kann der Begriff „Museum" auch für verwandte Orte stehen, zum Beispiel Galerien, Ausstellungshäuser, Biennalen, Projekte und vieles mehr.

Das Buch richtet sich somit an Kunstvermittler/-innen wie auch an interessierte Leser/-innen anderer Bereiche und Disziplinen, an Kunst- und Museumspädagog/-innen, an Kurator/-innen und Direktor/-innen von Kunstmuseen und anderen Institutionen, an Architekt/-innen und Szenograph/-innen, an Kulturtheoretiker/-innen und Kunsthistoriker/-innen – an diejenigen, die sich mit der Kunst, den Menschen und den Räumen befassen.

Aktuelle Forschung und Theoriearbeit

In Folge der „Bildungsreform" hat in den 1970er und 1980er Jahren die Museumspädagogik zunehmend Einzug gehalten in die Museen; es wurden in größerem Maßstab Museumspädagog/-innen angestellt, die verschiedene Ansätze entwickel(te)n und praktizier(t)en. Der Austausch über Fachverbände und Fortbildungen wurde forciert. Eine Reihe von bis heute wegweisenden Publikationen entstanden (z. B. Spickernagel und Walbe 1976, Bachmayer und Klein 1981, Nuissl et al. 1988, Weschenfelder und Zacharias 1988).

Wichtige Impulse erfolgten dann durch die Besucherforschung in den 1990ern, die eine Professionalisierung und Verwissenschaftlichung anschob (z. B. Schmeer-Sturm 1990, Noschka-Roos 1994, zur Übersicht Reussner 2012, Spanier 2014).

Derzeit nehmen wir einen weiteren Professionalisierungsschub im Hinblick auf theoretische Grundlagen wahr (z. B. Kudorfer et al. 2009, Nettke 2010, Czech 2014, Hofmann 2016). Zugleich lässt sich beobachten, dass mehr Forschung auf dem Gebiet der Kunstpädagogik im Museum betrieben wird, eine Vielzahl von Publikationen erscheint, das Angebot an Fortbildungen steigt und neue Studiengänge dafür eingerichtet werden.

Wohin wird die Reise gehen? Es herrscht Aufbruchstimmung im Fach. Museumspädagogik darf, kann und muss weiterentwickelt werden. Wohin diese Weiterentwicklung führt, soll unter anderem auch dieses Buch herausarbeiten. Die Autor/-innen dieses Sammelbandes, unterschiedlichste Akteur/-innen aus Wissenschaft und pädagogischer Praxis, entwickeln aus ihren jeweiligen wissenschaftlichen Disziplinen oder praktischen Handlungsfeldern heraus bestimmte Vorstellungen und Ideen. Diese fügen sich in einer speziellen Hinsicht und Auffassung gut zusammen: Vermittlung im Museum wird als Erfahrungsraum verstanden.

Unser Anliegen ist es, diese gemeinsame Tendenz herauszuarbeiten und theoretisch zu verorten. Für die Weiterentwicklung der Kunst- und Museumspädagogik ist es wichtig, die jeweiligen Bezüge und Hintergründe von Praxen, Konzepten und Theorien zu erkennen. Nur so ist eine weitergehende Theoriebildung möglich. Im folgenden Abschnitt werden wir daher die in den Beiträgen formulierten Perspektiven auf das Museum zu einem neuen Verständnis von Museum und Kunstvermittlung zusammenfassen. Pointiert formuliert wird dies in sechs Thesen zur Vermittlung im Kunstmuseum auf S. 23 f. Zur weiteren Vertiefung haben wir eine Art Karte der Theorielandschaft erstellt, mit der die Beiträge verbunden sind. Diese grafische Kartierung findet sich auf S. 1–3 und 212–214.

Das Museum als Erfahrungsraum

In den Beiträgen zeichnet sich eine Abkehr von traditionellen kunst- bzw. museumspädagogischen Perspektiven (Lernort, auratischer Ort, Wissensvermittlung, Besucherorientierung, zur Übersicht: Hofmann 2016) ab. Demgegenüber begründet dieser Band eine handlungsorientierte Vorstellung vom Museum als Erfahrungsraum. Ob diese im theoretischen Rahmen von Phänomenologie, Ökopsychologie, (strukturaler) Psychoanalyse oder Pragmatismus anzusiedeln wäre, müsste weitergehend geklärt werden.

Diese *Abkehr von traditionellen kunst- bzw. museumspädagogischen Perspektiven* lässt sich daran erkennen, was gerade *nicht* im Mittelpunkt der Beiträge steht: Zum Beispiel das (Kunst-)Objekt, das noch in den

1990er Jahren im Mittelpunkt der Kunstpädagogik stand. Auch nicht das Subjekt bzw. das Biografische, das über Konzepte wie die Künstlerische Feldforschung (Lili Fischer) oder die Ästhetische Forschung (Helga Kämpf-Jansen) und künstlerische Vorgehensweisen wie z. B. die von Cindy Sherman, Louise Bourgeois, Peter Feldmann und viele mehr in die museumspädagogische Praxis Einzug hielten. Auch Gesellschaftliches, das im Zusammenhang mit Feminismus und Gesellschaftskritik die Museumspädagogik lange Zeit beschäftigte, scheint aktuell weniger Thema zu sein. Die Besucherorientierung – ein wichtiges Thema der letzten fünf bis zehn Jahre – wird kaum angesprochen. Dies mag daran liegen, dass sie letztlich auf ein lineares Vermittlungsmodell aufbaut (vgl. die Kritik daran im Beitrag von Dirk vom Lehn, S. 111 ff.). Die Beiträge in diesem Band fokussieren weniger lineare Vermittlungsprozesse. Die Vorstellung einer Wissensvermittlung, von der die Besucherforschung seit dem 19. Jahrhundert dominiert ist, ist weniger Thema. Damit lässt sich eine Abgrenzung vom Museum als Lernort (ursprünglich: Spickernagel und Walbe 1976, auch heute mehr oder weniger ausdrücklich in vielen Konzeptionen) beobachten. Dies bedeutet jedoch nicht, dass im Museum nichts gelernt wird. Doch wird Lernen im größeren Zusammenhang betrachtet: Vielen Autor/-innen es geht darum, Kunstvermittlung mit Sinnhaftigkeit zu betreiben und einen Museumsbesuch unter der Prämisse des „Nutzens“ zu betrachten. Solch ein „Nutzen“ kann Lernen sein, aber auch z. B. ästhetische oder soziale Erfahrungen. Daher nehmen viele Beiträge nicht Lernprozesse, sondern Handlungen oder *Interaktionen* in den Blick. Auch das Museum als auratischer Ort steht nicht im Vordergrund der Beiträge in diesem Sammelband, aber dennoch wird in fast allen Beiträgen die Besonderheit der Erfahrungen im Museum betont, die Sinnlichkeit, die Präsentationsform, das *Erscheinen*. In dieser Auffassung treffen sich traditionelle und jüngere, geisteswissenschaftliche, aber auch psychologische und soziologische Erkenntnisse zur Museumspädagogik.

Was lässt sich also aus den Beiträgen schließen? Welches Verständnis von Kunstvermittlung im Museum besteht aktuell und wie wird es gerade weiter entwickelt?

1) Sichtbar wird der „performative turn“ bzw. „interactive turn“, d. h. die *Handlungsorientierung*, die sich in den Kultur- und Sozialwissen-

schaften abzeichnet (z. B. Kade 1997, Prange 2012): Pädagogik wird nicht mehr im Sinne von Zielerreichung auf einer bestimmten Basis gedacht (wie es im Grunde bis zu Herbarts Konzeption der Erziehungswissenschaften zurückzuführen ist). Vielmehr steht das spezifisch pädagogische Handeln im Mittelpunkt. Im Museum handeln Besucher/-innen wie Pädagog/-innen in einer spezifischen Weise, und diese Handlungsweise ist möglicherweise ein sinnvollerer Bezugspunkt für pädagogische Überlegungen.

2) Ebenso eine neue Perspektive ist im Blick der Autor/-innen auf das Museum zu erkennen: Hier geht es weder um den neutralen „white cube" (O'Doherty 1976), in dem ästhetischer Genuss stattfindet, noch um den lehrreichen „Lernort" (Spickernagel und Walbe 1976), an dem Wissen vermittelt wird. Vielmehr wird das *Museum als Erfahrungsraum* verstanden (s. auch Staupe 2012). Es ist nicht mehr länger nur als physischer Ort zu verstehen, als Gebäude. Und es genügt auch nicht, die institutionellen Aspekte der Organisation Museum zu betrachten. Vielmehr muss das Museum als sozialer Raum verstanden werden, als „espace" (Michel de Certeau, vgl. den Beitrag von Hannah Röttele, S. 181 ff.), als Praxis.
   Diese gewandelte Perspektive ist zentral: Das Museum ist somit keine Gegebenheit, sondern situativ, sozial, performativ. Es ist ein Raum, der sowohl durch äußere Vorgaben und physische Gestaltung als auch durch das Wahrnehmen und Handeln der unterschiedlichen Menschen darin gebildet wird. In diesem Sinne ist auch nachrangig, ob es sich um ein Museum oder einen Kunstverein handelt, um eine archäologische Sammlung oder eine Kunstausstellung. Das Museum wird weniger in seiner institutionalisierten Form betrachtet (zum Institutionenbegriff in der Pädagogik vgl. Göhlich 2011), sondern in seiner Handlungspraxis. Im Anschluss an phänomenologische Überlegungen zum (Museums-)Objekt, das sozusagen im Kontakt zwischen einem Gegenstand und einem Betrachter erst als „Ding" (Meyer-Drawe 2015) hervorgebracht wird bzw. präsent wird (weiterführend zum Konzept der Präsenz vgl. Lethen 2015), kann man formulieren: Das Museum ist ein Ort, an dem ein Raum entstehen kann, in dem Dinge und Menschen wechselseitig zum Erscheinen gebracht werden.

3) Damit wird auch ein Wandel im Hinblick auf die pädagogischen Begriffe eingeleitet. Herrscht bisher im Diskurs das Konzept des „Lernens“ vor, so scheint uns das Konzept der „Erfahrung“ sinnvoller. Lernen wird tendenziell positivistisch im Sinne von Wissenszuwachs verstanden, ist eher kognitiv orientiert und auf die Vernunft bezogen (vgl. Hofmann 2016, S. 47 ff.). Demgegenüber ist *Erfahrung* eher auf die Sinne bezogen und auf das Selbst: Erfahrung hat mit sinnlicher Wahrnehmung zu tun und mit einer Seins-Wahrnehmung und Vergegenwärtigung (vgl. Dieckmann 2010). Aus kulturwissenschaftlicher Sicht ist bei der Erfahrung eine „Sehnsucht nach Evidenz“ (Harrasser et al. 2009) im Spiel, ein Wechselspiel aus Begehren nach Erkenntnis und dem Lustaufschub aus Skepsis, „dass die Dinge nur in ihren Vermittlungen zu haben sind“ (ebd.). Dennoch ist Erfahrung kein ‚Gegenbegriff‘ zur Vernunft: Seit der Aufklärung lässt sich immer wieder ein Ringen um das Verhältnis zwischen den beiden Begriffen beobachten; Erfahrung ist Grundlage der Erkenntnis, gleichzeitig geht Erfahrung nicht ohne Vernunft. Insofern scheint uns der Begriff geeigneter für die Kunstvermittlung im Museum. Zudem ist Erfahrung ideengeschichtlich ein zentraler Begriff der ästhetischen Bildung (Dietrich et al. 2012). Und in seiner philosophisch-geisteswissenschaftlichen Tradition ist er der Kunst- und Museumspädagogik sicherlich näher als der eher psychologisch geprägte Begriff des Lernens.

Übrigens taucht in einigen Beiträgen ein Thema auf, das bislang in der Museumspädagogik kaum eine Rolle spielte: der *Körper*. In den bisher dominierenden Lernkonzepten hat der Körper kaum Beachtung gefunden; phänomenologische Konzepte dagegen machen den Körper (oder präziser: den Leib) zentral und ermöglichen der Kunst- und Museumspädagogik, diesen Aspekt konzeptuell zu berücksichtigen.

Gliederung dieses Bandes

Das Buch gliedert sich in die Kapitel „Vermittlung“, „Erfahrung“ und „Raum“. Die Beiträge thematisieren im Grunde immer alle drei Pole, sind aber meist einem näher als dem anderen. Auf diese Weise versuchen wir, das Gefüge der unterschiedlichen Überlegungen und Erkenntnisse in eine Ordnung zu überführen.

Das Kapitel „Vermittlung" ist auf die pädagogische Perspektive fokussiert, aber auch auf Aspekte der Interaktion, der Kommunikation und der Haltung. Kapitel 2 kreist um „Erfahrung", worunter auch Themen wie Erscheinen, Phänomen, affektiert-sein, ergriffen-sein, da-sein, Präsenz und Repräsentanz fallen. Das letzte Kapitel, „Raum", verfolgt physisch-architektonische Perspektiven, aber auch die Nutzung des Raums und seine Wirkung und Wahrnehmung.

Zu den Beiträgen

Kapitel 1: Vermittlung

Julia Hagenberg. „Entschuldigung, warum sind wir gekommen?" Ein Museum lässt sich befragen
Julia Hagenberg fragt in ihrem Beitrag nach der Funktion eines Museums: Was leistet es für seine Besucher/-innen bzw. mit seinen Besucher/-innen? Ausgangspunkt ist die Schülerfrage: „Warum sind wir gekommen, was kann man hier tun?" Davon ausgehend möchte der Beitrag das klassische Verständnis des Museums und der Kunst aktualisieren: Welche Rolle spielen Kunst und Kunstmuseum heute und morgen? Die Autorin hält es für zwingend, Transparenz über das eigene Verständnis herzustellen und die eigenen Methoden offenzulegen. Dies bedeutet auch, eine Kunstvermittlung zu praktizieren, die nicht Antworten gibt, sondern Fragen stellt und Fragen provoziert. Eine solche Praxis berichtet die Autorin aus der Kunstsammlung Nordrhein-Westfalen (K21) in Düsseldorf.

Astrid Lembcke-Thiel. Worum es für mich eigentlich geht …
Daran anschließend hinterfragt Astrid Lembcke-Thiel ihre eigene Person und Haltung als Kunstvermittlerin – überzeugt davon, dass Pädagogik immer mit dem eigenen Selbst zu tun hat. Sie hält ein Plädoyer für Wahrhaftigkeit, Aufrichtigkeit und Mut in der Kunstvermittlung.

Damit zielt sie auf den Kern des Selbstverständnisses von Kunstvermittler/-innen, und zwar nicht nur des professionellen, sondern des ganz fundamental menschlichen Selbstverständnisses: Wie verstehe ich mich?

Sie berichtet von sich als einer Person, der an Begegnungen gelegen ist. Das Museum versteht sie demnach als „Begegnungs- und Übungsraum" von Menschen mit Menschen, an denen ein Interesse besteht, ebenso wie die Objekte eines Museums, die mit Interesse betrachtet werden.

Julia Schöll. Der Vermittlungshabitus und ästhetische Blick

Julia Schöll hinterfragt die Funktion von Kunstvermittlung in Museen als Orten von Macht und Werten. Sie stellt die These auf, dass Vermittler/-innen in ihren Führungen und Programmen diese Machtverhältnisse reproduzieren. Ebenso wie Besucher/-innen in einem Museum einen gewissen Habitus zeigten, sei auch der Habitus der Kunstvermittler/-innen zu überprüfen, sowie die Form ihrer Vermittlung.

Mit der Theorie sozialen Kapitals macht sie darauf aufmerksam, dass Kunst mit einem Habitus zusammen hänge, der wiederum einen Status erzeuge und sichere. Die Vermittlerperson sei Teil dieses Habitus; entsprechend sei es nötig, Kunst in ihren Produktions- und Besitzzusammenhängen zu beachten, dies transparent zu machen und zu reflektieren.

Katharina Mantel. Eine Kunstvermittlung der radikalen Akzeptanz

Katharina Mantel argumentiert ausgehend von der aktuellen Aufwertung der Kunstvermittlung und dem großen Interesse daran. Doch sie weist kritisch darauf hin, dass dies oft nicht ohne Hintergedanken erfolgt. Kunstvermittlung soll vielfältigen Zwecken dienen und gerät damit in Gefahr, entweder von anderen Bereichen vereinnahmt oder überfordert zu werden. Sie plädiert dafür, Kunstvermittlung als ernstzunehmendes Arbeitsgebiet zu kultivieren und „gänzlich ehrlich zu und über sich, über den Gegenstand" zu sein. Ehrlich in der Art, dass Kunstvermittlung mit klaren Begriffen und Konzepten selbstbewusst und kompetent in Austausch mit anderen tritt – Kommunikation statt Klischee.

Elisabeth Bodin. Into Art – Ready for a visual world at Louisiana Museum of Modern Art
Elisabeth Bodin beleuchtet Aktivitäten und Zugangsweisen der Kunstvermittlung am Louisiana Museum (nahe Kopenhagen, Dänemark), das seit seiner Eröffnung 1958 die jungen Besucher/-innen im Fokus hat. Die Kunstvermittlung soll Kindern und Jugendlichen visuelle Kompetenz vermitteln. Die vorgestellten Programme wollen möglichst vielen Kindern einen Kunstzugang ermöglichen. Dazu setzt das Museum auf Umgang mit Bildern in der heutigen Zeit und auf eigenverantwortliches Lernen.

Laura Heeg. Museen im Spagat zwischen Bildungsauftrag und Entertainment
Laura Heeg versteht das Museum als Ort der Freizeitgestaltung, das Besucher/-innen freiwillig und zahlend aufsuchen, um sich unterhalten zu lassen. Dabei stünden sich Bildungsauftrag und Entertainment nicht entgegen, sondern ergänzten sich gegenseitig.

Sie leitet daraus die Frage ab, was das Museum den Besucher/-innen bietet. Ist es Bildung, Kontemplation, Unterhaltung? Den Facetten dieser Frage widmet sich der Text, indem er historische Entwicklungen ebenso nachzeichnet wie aktuelle Beispiele von Events und Entwicklungen im digitalen Bereich.

Sabine Sutter. „Auch mal eine dicke Lippe riskieren" – Eine Handlungsoption in Vermittlungssituationen
Sabine Sutter eröffnet anhand von drei Beispielen die Möglichkeit des Angriffs als Antwort auf erste Sätze von Kindern und Jugendlichen in Vermittlungssituationen im Museum. Dabei interessiert sie, wie verbale Aggression seitens der Besucher/-innen gemeinsames Denken dynamisieren kann.

Sie schlägt vor, diese Aggression anzunehmen, da sie für Subjektivierungsprozesse notwendig sei, sie wörtlich zu nehmen und in einen gemeinsamen Auslegungsprozess zu überführen. Dabei seien auch Perspektivwechsel und Bildnachbarschaften mit einzubeziehen.

Jochen Meister. Eskapaden/Der Ort der Kunstvermittlung/ Bildet Banden!
Jochen Meister betrachtet die Strukturen eines Museumsbetriebs. Er verortet, wo Kunstvermittlung stattfinden, wie sie vorgehen und wie sie in ein Gefüge eingebettet sein sollte. Nur im Miteinander, so seine Erkenntnis, kann Kunstvermittlung einem Museum von innen heraus Stärke verleihen.

Er erkennt derzeit Fluchtbewegungen in der Kunstvermittlung: Vermittlung ohne Kunst, Vermittlung außerhalb des Museums, Vermittlung jenseits von Pädagogik. Dagegen führt er ein Plädoyer für Nähe: Nähe zu den Besucher/-innen und ihren vielfältigen und teilweise auch banalen Bedürfnissen; Nähe zu allen Mitarbeiter/-innen des Museums (einschließlich Café, Shop, Reinigungsdienst, ...). Schließlich fordert er eine „Bandenbildung" für eine gemeinsame Entwicklung eines umfassenden Besucherservice.

Christoph Deeg. Gaming und Gamification im Museum
Christoph Deeg stellt die These auf, dass Gamification, also das Verständnis als Spiel, nicht nur die Erschließung, Kommunikation und Wahrnehmung von Inhalten beeinflusse, sondern zunehmend das Museum als Ganzes verändere. Das Museum sei mehr als die Summe seiner Objekte, es sei die Schnittstelle zwischen der Kultur des Museums, der Kultur der Besucher/-innen und den Werken.

Das Prinzip des Gaming verändere alle drei Bereiche: Im Museum wird gespielt, Menschen spielen, Spiele werden zu Kunstwerken (bzw. Kunstwerke werden spielerisch). Vor allem aber sollte Gaming als Schnittstellen-Prinzip gestärkt werden. Dies kann das Museum bereichern, indem die Kunstvermittlung spielend zwischen den drei Bereichen vermittelt.

Kapitel 2: Erfahrung

Dirk vom Lehn. Vorschläge für ein interaktivierendes Museum
Aus seiner jahrelangen Besucherforschung berichtet Dirk vom Lehn, dass der Museumsbesuch von sozialen Einflüssen geprägt sei. Der Museumsbesuch sei ein soziales Ereignis. Es sollte dementsprechend auch als solches gelebt werden. Dafür sei eine sozialökologische Betrachtung

nötig: Kommunikation, Interaktion, Interpretation und Museumserfahrung müssten ermöglicht und gefördert werden. Insofern müsste das Museum ein „interaktivierendes Museum“ werden.

Katja Schöwel. Erfahrungen herstellen. Zum Weshalb der Projektarbeit in der Vermittlung zeitgenössischer Kunst
Katja Schöwel beschreibt ihr Vorgehen in einem outreach-Projekt mit Schüler/-innen. Ziel ist die Annäherung von Jugendlichen an zeitgenössische Kunst und die Entwicklung eigener bildnerischer Arbeiten und Performances, die abschließend in einer Ausstellung präsentiert werden. Die Kunstpädagogin veranschaulicht entlang dieses umfangreichen Projektes eine Form der Kunstvermittlung, die das Erfahren von Kunst als Ziel formuliert, dann und dadurch aber ein Erfahren des Projektes als Kunst erreicht. Kunst als eine Form der Lebenspraxis wird somit erfahrbar gemacht.

Bernadett Settele. Die gerahmte Gegenwärtigkeit der Kunstrezeption. Einsichten für die künstlerische Kunstvermittlung
Bernadett Settele beschäftigt sich mit der Frage, wie Kunst als Ereignis oder Widerfahrnis auch in der Kunstvermittlung wirksam bleiben könne. Sie fragt sich, wie eine affekt-sensible Sicht auf ästhetische Erfahrung möglich sei. Wie Kunstvermittlung berührt-Sein, Scham, Schock, Ärger usw. radikal in Vermittlungssituationen mit einbeziehen könne. Sie nimmt dafür den Kontext und den Affekt von Kunstwerken im Museum in den Blick. Entsprechend sucht sie nach einer Praxis, die in einem Kontext eine Form für das Mitteilen von Affekten findet. Diese Form der Kunstvermittlung müsse jedoch damit arbeiten, dass sowohl Kontext als auch Affekt sowohl passiv angenommen als auch aktiv produziert werden können. Insofern skizziert sie ein neues Verständnis von Rezeption.

Kerstin Hallmann. Anmerkung zu einer Kunstvermittlung als Praxis des Erscheinens
Kerstin Hallmann plädiert dafür, die hergebrachten Vorstellungen von Museumspädagogik als Vermittlung von Wissen oder Konstruktion (Aneignung) von Wissen zu überwinden. Sie fragt vielmehr: Was ist denn im Museum zu sehen? Oder besser: Was erscheint uns dort? In phänomenologischer Hinsicht sollte das Museum verstanden werden als Ort/

Raum des Erscheinens. Insbesondere die Kunst habe Potential, Wahrnehmungsprozesse weg von ihrer Automatisierung zu führen, hin zum Ursprung der Aisthesis, zur Erfahrung des Erscheinens. Die Fähigkeit von Kunst, Wahrnehmungsgewohnheiten zu durchbrechen, sei ein Potenzial für die Kunstpädagogik. Kunstvermittlung müsse dann als Praxis des Erscheinens verstanden werden und als Arbeit: am Unbekannten, an der sinnlichen und kognitiven, formalen und inhaltlichen Fülle, an der Wirkung, am Aufmerken.

Tibor Kliment. Besucherforschung und Museum.
Praktische Hinweise zu einem schwierigen Verhältnis
Evaluation im Museum ist ein aktuelles Thema, wird aber sehr unterschiedlich behandelt. Tibor Kliment bietet in seinem Beitrag einen Überblick über die Geschichte, Methoden und Ziele von Besucherforschung im Museum. Dabei hat er sowohl den Aspekt der Ausstellungsevaluation als auch die Forschung im Vermittlungsbereich im Blick. Er stellt unterschiedliche Methoden und Erkenntnisse vor, führt Kritik an und gibt praktische Hinweise. Als zentrales Problem identifiziert er zum einen die Professionalität der Besucherforschung, zum anderen deren Umsetzung. So plädiert er für Besucherforschung als Teil einer Philosophie. Sie sei dann Zeichen, sowohl nach außen an die Besucher/-innen, als auch nach innen an die Mitarbeiter/-innen und sei sinnvolle Ergänzung der kuratorischen und der pädagogischen Arbeit im Museum.

Kapitel 3: Raum

Claudia Ohmert. Labor im Museum
Am Beispiel des Kunstmuseum Emden und dem dortigen „Labor im Museum" verdeutlicht Claudia Ohmert, wie ein Museum Ort für Auseinandersetzung, Diskussion und Kreativität sein kann. Sie stellt eine Kunstvermittlung vor, die sich dem künstlerischen Prozess widmet. Das Museum ist dann nicht Ort des Konsums (von abgesichertem Wissen, von kanonisierter, ratifizierter Erfahrung), sondern ein Forum, ein Diskussionsort, ein Labor, in dem Neues entsteht. Ihr Bericht von der Realisierung eines solchen Labors in der Kunsthalle Emden zeigt, dass dieser Ansatz funktionieren kann.

Stephan Schwan. Nicht immer an der Wand lang – Kunstvermittlung im Raum

Der Psychologe Stefan Schwan konstatiert, dass die Ausstellungspraxis den Raum nicht als verhaltensformend auffasse und somit das Potenzial von räumlicher Gestaltung in der Kunstvermittlung nicht ausschöpfe. Er macht darauf aufmerksam, dass der Raum aus ökopsychologischer Sicht das Verhalten präge. Durch die konventionelle Hängung würde weitgehend eine lineare Kunstrezeption nahegelegt. Gefordert sei hingegen eine Gestaltung der Raumerfahrung, eine Gestaltung von Kunstrezeption in einem räumlichen Zusammenhang. Kunstvermittlung durch Raumgestaltung könne das Verstehen in Ausstellungen weiter fördern. Letztlich würde dann auch die Trennung von Ausstellungsgestaltung und -vermittlung aufgehoben.

Hannah Röttele. Wahrnehmungsbildung als leiblicher Akt. Zum Verhältnis von Leiblichkeit, Raum und Zeit bei einem Museumsbesuch mit der Schulklasse

Hannah Röttele nähert sich in phänomenologischer und konstruktivistischer Sichtweise der Wahrnehmung (und Vermittlung), die sie als leiblichen Akt versteht. Ausgehend von eigener Forschung schlägt sie vor, Vermittlung als „Raum“ zu verstehen, in dem leibliche Bewegungen stattfinden. Das Museum sei demnach nicht einfach ein Gebäude, sondern ein Erfahrungsraum. Vermittlung wäre demnach zu verstehen als Praxis, die in Bewegungs- und Körperarbeit mit den Museumsbesucher/-innen Räume im übertragenen Sinne schaffe.

Nadia Orlopp. Architektur und Raum in der Kunstvermittlung

Nadia Nike Orlopp wendet sich der Architektur zu und beschäftigt sich mit der Wirkung von Raum und Architektur auf die Kunstvermittlung. Anhand verschiedener Beispiele zu Museumsbauten beleuchtet sie die Vor- und Nachteile von Räumen für die Vermittlungsarbeit. Daran anschließend fordert sie einerseits eine Museumsarchitektur, die Kunstvermittlung mitdenkt und im besten Fall eine gute Kunstvermittlung ermögliche. Sie macht darauf aufmerksam, dass die Kunstvermittlung mit der Architektur arbeiten kann und muss.

Epilog

Anders Endern. Big-Game-Hunting prohibited. Ein Capriccio
Das Nachwort liefert Anders Endern in Form eines Capriccios, bewusst in jener vom Kunsthistoriker Werner Hofmann geschätzten, eigensinnigen und launigen Textform, ohne jeglicher Anbindung. Es handelt sich um eine mp3 Audio-Datei, die im Internet verfügbar ist.

Julia betritt ein Hotelzimmer, wo ein Satz an der Wand sie plötzlich an Szenen des vergangenen Sommers erinnert, den sie noch mit ihrem mittlerweile verstorbenen Geliebten Micha verbrachte. Später, im Restaurant mit ihrem besten Freund, vermischen sich Gedanken über das Betört-Sein mit Gedanken über einen unrealisierten Textbeitrag zur Kunstvermittlung, als sie erkennt: „Im Zustand des Betört-Seins erleben wir ohne besondere Anstrengung Formen gesteigerter Aufmerksamkeit. Das ist es, worum es mir im Kern geht, wenn ich über Kunst und Kunstvermittlung nachdenke".

Sechs Thesen für die Museumspädagogik/ Kunstvermittlung der Zukunft

1. Das Museum ist nicht nur als Ort zu denken, sondern als Erfahrungsraum. Das Museum ist kein neutraler Ort, und es ist kein sachlicher Ort. Es ist vielleicht ein auratischer Ort, aber nicht als Tempel verstanden, sondern als ein Ort mit Wirkung. Das Museum ist in seiner Funktion, in seiner Aktion bedeutend. Von Bedeutung ist nicht, was ein Museum *ist*, sondern was ein Museum *macht*.
2. Zentrale kunst- bzw. museumspädagogische Bezugspunkte sind nicht Kunstwerk und Lernen, sondern Erscheinen und Erfahrung. Aus pädagogischer Sicht geht es darum, jene Prozesse zu verstehen, die mit den beteiligten Subjekten, mit ihren Körpern, ihren Biografien, ihren Beziehungen zu tun haben. Kunstvermittlung kann auf einer Phänomenologie des Museums aufbauen.
3. Die Handlungen der Beteiligten im Museum stehen im Mittelpunkt. Nicht nur die Pädagog/-innen bzw. Kunstvermittler/-innen handeln im Museum, sondern auch die Besucher/-innen bzw. Teilnehmer/-innen. Diese sind ernst zu nehmen, einschließlich der Gründe und Absichten ihrer jeweiligen Handlungen.
4. Interaktion findet in Vermittlung und Aneignung statt. In diesem Sinne ist die pädagogische Arbeit eine interaktive und interaktivierende. Die Interaktion kann in unterschiedlichsten Formen und Medien erfolgen. Für ein solches pädagogisches Vorgehen ist eine geeignete und reflektierte Haltung nötig.
5. Ziel und Weg der Vermittlung ist das Ermöglichen bildender Erfahrungen. Wenn es gelingt, das Erlebnis eines Erscheinens zur Erfahrung zu machen, findet Bildung statt. Aufgabe der Kunstvermittlung ist, solche Prozesse zu ermöglichen, anzuregen, aufrechtzuerhalten und zu reflektieren.
6. Vermittlung ist eine gemeinsame Erfahrung und gelingt nur in Kooperation. Pädagogik wird damit aus einer vertikalen, hierarchischen Differenz in eine horizontale, heterogene Differenz überführt: Interessant ist das gemeinsame Handeln. Alle Beteiligten sind in bildende Erfahrungen einbezogen und arbeiten gemeinsam daran. Dazu gehört auch, dass sich alle mit ihren Erfahrungen einbringen können.

Dies gilt in einem Feld, in dem die Kunstvermittler/-innen ganz unterschiedliche Berufsbiografien haben, auch für die Pädagog/-innen.

Literatur

Dietrich, Cornelie, Krinninger, Dominik & Schubert, Volker (2012). *Einführung in die ästhetische Bildung.* Weinheim und Basel: Beltz Juventa.

Czech, Alfred (Hrsg.) (2014). *Museumspädagogik – ein Handbuch. Grundlagen und Hilfen für die Praxis.* Schwalbach/Ts: Wochenschau Verlag.

Harrasser, Karin, Lethen, Helmut & Timm, Elisabeth (Hrsg.) (2009). *Zeitschrift für Kulturwissenschaften. Bd. 2009, 1: Sehnsucht nach Evidenz* (1. Aufl.). Bielefeld: Transcript.

Hofmann, Fabian (2016). *Kunstpädagogik im Museum. Begriffe – Theorien – Grundlagen.* Stuttgart: Kohlhammer.

Kade, Jochen (1997). Vermittelbar/nicht-vermittelbar: Vermitteln: Aneignen. Im Prozeß der Systembildung des Pädagogischen. In D. Lenzen & N. Luhmann (Hrsg.), *Bildung und Weiterbildung im Erziehungssystem. Lebenslauf und Humanontogenese als Medium und Form* (1. Aufl., S. 30–70). Frankfurt am Main: Suhrkamp.

Klein, Hans-Joachim & Bachmayer, Monika (1981). *Museum und Öffentlichkeit. Fakten und Daten Motive und Barrieren.* Berlin: Mann.

Kudorfer, Susanne, Kunz-Ott, Hannelore & Weber, Traudel (Hrsg.) (2009). *Kulturelle Bildung im Museum.* Bielefeld: Transcript.

Lethen, Helmut (2015). Präsenz. In H. Gfrereis, T. Thiemeyer& B. Tschofen (Hrsg.), *Museen verstehen. Begriffe der Theorie und Praxis* (S. 76–84). Göttingen: Wallstein.

Meyer-Drawe, Käthe (2015). Sinnlich wahrnehmen. Erfahrungsräume öffnen. In A. Klinge & N. Eger (Hrsg.), *Künstlerinnen und Künstler im Dazwischen. Forschungsansätze zur Vermittlung in der Kulturellen Bildung* (S. 30–40). Bochum: Projekt Verlag.

Nettke, Tobias (2010). *Handlungsmuster museumspädagogischer Führungen. Eine interaktionsanalytisch-erziehungswissenschaftliche Untersuchung in Naturkundemuseen.* Frankfurt am Main. Unveröffentl. Dissertation, Goethe-Universität (Fachbereich Erziehungswissenschaften)

Noschka-Roos, Annette (1994). *Besucherforschung und Didaktik. Ein museumspädagogisches Plädoyer.* Opladen: Leske und Budrich.

Nuissl, Ekkehard, Paatsch, Ulrich & Schulze, Christa (1988). *Bildung im Museum. Zum Bildungsauftrag von Museen u. Kunstvereinen* (2. Aufl.). Heidelberg: Arbeitsgruppe für Empir. Bildungsforschung.

O' Doherty, Brian (1976). Inside the White Cube: Notes on the Gallery Space. Part I. *Artforum, XIV*(7), S. 24–30.

Prange, Klaus (2012). *Die Zeigestruktur der Erziehung. Grundriss der operativen Pädagogik.* Paderborn (u. a.): Ferdinand Schöningh.

Schmeer-Sturm, Marie-Louise, Thinesse-Demel, Jutta, Ulbricht, Kurt & Vieregg, Hildegard (Hrsg.) (1990). *Museumspädagogik. Grundlagen und Praxisberichte.* Baltmannsweiler: Pädagagogischer Verlag Burgbücherei Schneider.

Spickernagel, Ellen & Walbe, Brigitte (Hrsg.) (1976). *Das Museum. Lernort contra Musentempel* (1. Aufl.). Gießen: Anabas-Verlag.

Staupe, Gisela (Hrsg.) (2012). *Das Museum als Lern- und Erfahrungsraum: Grundlagen und Praxisbeispiele.* Wien (u.a.): Böhlau.

Weschenfelder, Klaus & Zacharias, Wolfgang (1988). *Handbuch Museumspädagogik. Orientierungen und Methoden für die Praxis* (2. Aufl.). Düsseldorf: Pädagogischer Verlag Schwann-Bagel.

Kapitel 1:
Vermittlung

Julia Hagenberg

„Entschuldigung, warum sind wir gekommen?"

Ein Museum lässt sich befragen

Im Juni 2015 besuchte eine „Internationale Klasse", in der Schüler/-innen aus unterschiedlichen Herkunftsländern auf den Unterricht in Regelklasse vorbereitet werden, das K20 in der Düsseldorfer Altstadt. Heterogen besetzte Klassen sind häufig in der Kunstsammlung Nordrhein-Westfalen zu Gast. Diese Gymnasialklasse hatten wir jedoch nicht nur in das Museum eingeladen, um ihr die Gelegenheit einer Begegnung mit Kunstwerken der Klassischen Moderne zu bieten. Unsere Absicht war es, die Interessen, Herangehensweisen und Fragen der Schüler/-innen an die Kunst und die Institution näher kennenzulernen und unsere eigene Arbeit aus ihrem Blickwinkel zu reflektieren. Die Jugendlichen waren zwischen 10 und 14 Jahre alt und kamen u.a. aus der Ukraine, Griechenland, Gambia und verschiedenen arabischen Staaten. Wie wir im Gespräch erfuhren, hatte keine/-r je zuvor ein Museum besucht. „Entschuldigung, warum sind wir gekommen?" war eine der ersten Fragen, mit der wir konfrontiert wurden. Sie machte deutlich, dass sich die Schüler/-innen weder über den Sinn eines Museumsbesuchs im Klaren waren noch eine Vorstellung hatten, was sie erwartete. Auf unsere Gegenfrage, was sie in dieser Institution vermuteten, erhielten wir die vorsichtige Antwort: „Schöne Sachen". Bei der Vorbereitung hatten wir uns vor dem Hintergrund ihrer noch geringen Deutschkenntnisse für einen hohen Anteil künstlerisch-kreativer Methoden entschieden. Um die Jugendlichen möglichst selbstbestimmt die Sammlung und die Kunstwerke entdecken zu lassen und zu erkunden, wie sie sich im Museum verhalten und seinen Inhalten annähern würden, gaben wir ihnen den Auftrag, zu zweit durch die Sammlung zu gehen und mit Digitalkameras Motive aufzunehmen, die sie interessierten. Die Sujets waren frei wählbar; es konnten sowohl Kunstwerke als auch andere Objekte oder Personen fotografiert werden. Während ihre Fotos ausgedruckt wurden, führten uns die Schüler/-innen zu Werken, die ihre besondere Aufmerksamkeit geweckt hatten. Es stellte sich heraus, dass sie gegenständliche Bilder von Fernand Legér, Franz Marc oder Robert Delaunay bevorzugten, abstrakte Kompositionen wie die Piet Mondrians hingegen als weitgehend uninteressant empfanden. Eine Ausnahme bildeten Spätwerke von Wassily Kandinsky, deren Farbigkeit ihnen gefiel. Trotz sprachlicher Hürden verliefen die Gespräche lebendig: die Schüler/-innen beteiligten sich, halfen sich bei Verständnisschwierigkeiten untereinander und zeigten sich kommunikativ, offen und neugierig. An den Besuch in der Sammlung schloss sich ein Workshop an, für den wir einen Ausstellungsraum umfunktioniert hatten. Die Jugendlichen erhielten die Aufgabe, sich auf großen, an den Wänden befestigten Papierbögen selbst darzustellen und später ihre Fotos in die Porträts einzufügen. Auch die Bilder entstanden in Partnerarbeit, indem die Schüler/-innen zunächst wechselseitig ihre Umrisse nachzeichneten, um danach ihr eigenes Porträt detaillierter auszuführen. Aufgrund der Sprachbarrieren ergaben sich zunächst einige Missverständnisse, die jedoch mit Unterstützung der Lehrerin geklärt werden konnten. Durch die kreative Arbeit im Team lockerte sich die Atmosphäre. Während des Zeichnens begannen die Jugendlichen, freier zu agieren und mit verschiedenen Gesten und Posen zu experimentieren. Schwieriger als erwartet war die Aufgabe, aus dem Stapel der Fotos die eigenen Aufnahmen herauszusuchen. Die Ausdrucke in Postkartengröße zeigten fast ausschließlich Kunstwerke, die sich teils doppelten, so dass den Schüler/-innen die Identifizierung ihrer individuellen Motive nicht leicht fiel. Einige klebten die Aufnahmen in oder neben ihre Silhouette, andere setzten sie in Bezug zu gezeichneten Gesten und integrierten die Fotos auf originelle Weise in die Gesamtszene. Im Ergebnis entstand ein ‚Museum' heterogener Selbstbildnisse, das in seiner Präsentationsform an die zuvor besuchte Gemäldesammlung erinnerte. Durch die Fotos bildeten die Porträts eine Brücke zwischen den Jugendlichen und der Kunst und wurden zu persönlichen Andenken an den Museumsbesuch, das die Schüler/-innen gern mitnahmen.

Der beschriebene Workshop war Teil eines Forschungsprojekts mit dem Titel „museum global?", mit dem die Kunstsammlung Nordrhein-Westfalen auf die Auswirkungen der Globalisierung reagiert (vgl. http://www.kunstsammlung.de/forschen/museum-global.html. Zugriff: 12.7.2015). Ausgehend von der eigenen Sammlung, die im besonderen Maße auf die Epoche der Klassischen Moderne und somit auf Europa und Nordamerika fokussiert ist, wird sich die Kunstsammlung in den kommenden Jahren in Forschungen, Veranstaltungen und Ausstellungen dem Zeitraum ab 1905 widmen. Die Kunstgeschichtsschreibung soll ergänzt und gegebenenfalls neue, vielleicht noch nicht gesehene Aspekte hinzugefügt werden. Ziel ist es, die Moderne sowie den ihr zugrundeliegenden Kanon zu hinterfragen und dabei als Museum nicht Wissen zu behaupten, sondern Fragen und Thesen zu formulieren und diese im Dialog mit Partnern in Kunst, Wissenschaft und Forschung weiterzuentwickeln. Mit der zunehmenden, durch Migration verstärkten Heterogenität der Lebensformen in der Gesellschaft geht eine Veränderung des Museumspublikums einher, die ebenfalls Thema des Projekts ist. Auch vor dem Hintergrund sich wandelnder Interessen, Orientierungen und Wissensbestände des Publikums müssen die Auswahl der Sammlungsbestände sowie die Methoden ihrer Archivierung, Erforschung, Präsentation und Vermittlung neu untersucht werden. Die im Titel dieses Beitrags zitierte Frage des Schülers veranschaulicht, dass nicht nur die Kunst der Klassischen Moderne, sondern auch das Museum selbst vielen Kindern und Jugendlichen unbekannt ist. Während die Schule als Bildungseinrichtung fest in ihrem Alltag verankert ist, stellen das Kunstmuseum und seine Inhalte für manche eine völlig neue Erfahrung dar. Die Institution und die Auswahl der dort gezeigten Werke repräsentieren einen Wertekanon, der vielen jüngeren Menschen nicht vertraut und selbstverständlich ist.

Vor diesem Hintergrund lieferte die Arbeit mit den Schüler/-innen der „Internationalen Klasse“ erste aufschlussreiche Impulse. Auffällig war ihre Präferenz gegenständlicher und Ablehnung abstrakter Darstellungsformen, die kulturell geprägt, aber auch alters- und milieuspezifisch zu deuten ist (vgl. Schnurr 2011). Mit Blick auf neue Publikumskreise stellt sich im Projekt „museum global?“ die Aufgabe, in Zusammenarbeit mit Museumsbesucher/-innen verschiedene Blickwinkel auf Tendenzen der Abstraktion in der Klassischen Moderne zu eruieren, Vorlieben herauszufinden und zu diskutieren. Wichtig dabei ist eine offene pädagogische Haltung, die unterschiedliche Meinungen und Beiträge zulässt und nicht darauf ausgerichtet ist, den klassischen kunsthistorischen Kanon zu untermauern und zu verstetigen. Unabhängig von konkreten Vorlieben und Abneigungen waren die Schüler/-innen außerdem an Fragen der Nationalität interessiert. Nach sorgfältiger Überlegung hatten wir bewusst darauf verzichtet, die Herkunft der Werke und die Staatsangehörigkeit der Künstler/-innen zu thematisieren, um bei der ersten Begegnung vereinfachende Zuschreibungen zu vermeiden und nicht den Blick für komplexere, transkulturelle Zusammenhänge zu verstellen. Es wurde jedoch deutlich, dass gerade diese Frage für die Schüler/-innen eine attraktive Option darstellte, sich der Kunst anzunähern. Bei ihrem Rundgang entdeckten sie Bilderschilder mit Angaben internationaler Leihgeber, deren Nationalität sie ausführlicher untereinander diskutierten. Ihr Interesse an diesem Thema korrespondiert mit den Ergebnissen des 1. InterKulturBarometers, denen zufolge die Nationalität nach der Familie als wichtigster Identitätsfaktor angegeben wird (Keuchel 2013, 58). Aus der Erfahrung ergibt sich die Frage, wie das von den Schüler/-innen geäußerte Interesse an nationaler Zugehörigkeit für die Begegnung mit der Kunst und dem Museum fruchtbar gemacht werden kann, ohne den Blick zu verengen und simplifizierende Erklärungs- und Zuschreibungsmuster zu reproduzieren. Um dem Bedürfnis der Jugendlichen nach Zuordnungen entgegenzukommen, könnten in weiteren Workshops Entstehungs- und Migrationsgeschichten der Werke bzw. Künstler/-innen analysiert, nachgezeichnet und in Bezug zu eigenen Erfahrungen gesetzt werden. Zugleich ließen sich transkulturelle Einflüsse und Phänomene erkunden, die zur Entwicklung individueller künstlerischer Stile und Formensprachen beigetragen haben. Auf diesem Weg kann die Funktion des Museum als Ort der Erforschung und Präsentation von Kunst und Geschichte(n), aber auch der Verhandlung von Identität anschaulich werden.

Der Workshop offenbarte sich auch in methodischer Hinsicht als anregend. So wurde deutlich, dass die Jugendlichen nicht oder nur sehr zögerlich auf offene Fragen und Aufträge eingingen. Auf unsere Frage, welche Themen und kreative Tätigkeit – Zeichnen, Malen, Modellieren etc. – sie sich für den nächsten Besuch wünschen würden, erhielten wir zunächst keine Reaktion. Aus ihren bedachten Antworten war zu schließen, dass die Schüler/-innen nach Lösungen suchten, die sie aus unserer Perspektive für ‚richtig' hielten. Offene Ansätze, die selbstbestimmte Formen des Lernens unterstützen, machen bislang einen wesentlichen Bestandteil unserer pädagogischen Arbeit aus. Sie setzen jedoch Selbstbildungsfähigkeiten voraus und können Unverständnis und Überforderung hervorrufen, wenn Besucher/-innen autoritär strukturierte Bildungssysteme gewohnt sind oder präferieren. „Das Lernen als Restrukturierung von Erfahrungen wird durch die kulturellen und sozialen Kontexte mitgeformt, die [...] Perspektiven des Handelns eröffnen und begrenzen," so Michael Göhlich und Jörg Zirfas (Göhlich/Zirfas 2011, 85). Die Ergebnisse des Fotoauftrags scheinen diese Annahme zu bestätigen: kein/e Schüler/-in war von sich aus auf die Idee gekommen, seine Freund/-innen oder sich selbst zu fotografieren, weil sie dies nicht für angebracht hielten. Aus umgekehrter Perspektive werfen die Beobachtungen die Frage auf, durch welches Umfeld unsere eigenen pädagogischen Konzepte geprägt sind (vgl. Schnurr 2011). Auch das Methodenrepertoire gilt es daher im Projekt „museum global?" zu überprüfen.

Mit der Ausrichtung seiner Vermittlungskonzepte definiert das Museum nicht nur die Bedingungen der Kunstrezeption, sondern auch seine künftige Funktion und Bedeutung. Vergleicht man die heutige Situation des Museums mit der zur Zeit der Gründung der Kunstsammlung Nordrhein-Westfalen in den frühen 1960er Jahren, erweisen sich diskursive Formen der Vermittlung als essenziell. Denn sowohl die pädagogischen Konzepte als auch die Zusammensetzung des Publikums und seine Lebensformen haben sich grundlegend verändert. „Through the activities of display and interpretation, using objects, paintings, photographs, models and texts, museums construct a view, present a story and produce resources for learning. (...) This raises issues of which interpretations are being made, by whom and to what end", führt Eilean Hooper Greenhill aus. (Hooper Greenhill 2007, 2). Die sich wandelnden gesellschaftlichen Bedingungen machen es erforderlich, die Aufgaben und Befugnisse von Mitarbeiter/-innen ebenso wie die Anliegen und Potenziale der Besucher/-innen aus einem neuen Blickwinkel zu betrachten. Um den Besucher/-innen eine selbstbestimmte Begegnung mit der Institution und der Kunst zu ermöglichen, ist es notwendig, die historischen und gegenwärtigen Kriterien des Sammelns und Bewahrens, Ausstellens und Vermittelns offenzulegen und zur Diskussion zu stellen. Das Museum und seine Geschichte müssen transparenter, seine Strukturen und Funktionsweisen durchlässiger gestaltet werden. Diesen Prozess sollte das Publikum mitgestalten, weil es – auch durch seine Heterogenität – Perspektiven und Impulse einbringen kann, die aus der Sicht der Institution nicht zu leisten sind und von ihr nicht vorweggenommen werden dürfen. Wertvolle Denkanstöße bietet die Methode des „Revisiting Collections", mittels derer Museumssammlungen einer kritischen Reflexion durch externe Experten und Besuchergruppen unterzogen werden (vgl. http://www.collectionstrust.org.uk/-index.php?option=com_k2&view=item&id=1740&Itemid=2012. Zugriff: 12.7.2015). Im Rahmen des Projekts „museum global?" sollen Strategien entwickelt werden, die den Austausch zwischen Besucher/-innen und Museumsmitarbeiter/-innen fördern und die Kunstsammlung für die Fragestellungen und Wissensbestände des Publikums öffnen. Den pädagogischen Mitarbeiter/-innen kommt dabei die verantwortungsvolle Aufgabe zu, die Begegnungen und Plattformen zu moderieren. Ideen, Erfahrungen und Anregungen der Besucher/-innen können in den Museumsbetrieb gespiegelt, Interpretationen und Kommentare zur Kunst und Institution dokumentiert und präsentiert werden. Voraussetzung dafür ist die Bereitschaft aller Akteure, etablierte Vorstellungen und Arbeitsweisen eines Museums zu hinterfragen und innovative Formen der Zusammenarbeit mitzutragen. Nina Simon hat dargelegt, dass Partizipation dem Museum neue Publikumskreise erschließen kann und angesichts der Angebote in digitalen Netzwerken von vielen Menschen inzwischen auch erwartet wird (Simon 2012, 95 f. Zu dialogischen und partizipativen Methoden vgl. auch Sandell 2011, 139; Sternfeld 2012). Im Leitbild der Kunstsammlung Nordrhein-Westfalen verankert, werden partizipative Ansätze seit 2010 bereits in unterschiedlichen Formaten umgesetzt (vgl. http://www.kunstsammlung.de/ueber-uns/leitbild.html. Zugriff: 15.7.2015; Hagenberg (2010); Hagenberg (2014). Wie und in welchem Umfang Teilhabe in einer Institution wie der Kunstsammlung Nordrhein-Westfalen erweitert werden kann, wird unter den internen und externen Beteiligten des Projekts „museum global?" in den kommenden Jahren auszuhandeln sein. Wir freuen uns auf diesen Prozess und weitere neue Begegnungen.

Literatur

Göhlich, M. & Zirfas, J. (2011). Transkulturalität und Lernen. In: J. Bilstein, J. Ecarius & E. Keiner (Hg.). Kulturelle Differenzen und Globalisierung. Herausforderungen für Erziehung und Bildung, S. 71–89. Wiesbaden: VS Verlag.

Hagenberg, J. (2010). Bilderschätze bergen. Das Bildungsprogramm der Kunstsammlung Nordrhein-Westfalen. In: Kunstsammlung Nordrhein-Westfalen (Hg.). Meisterwerke des 20. und 21. Jahrhunderts, S. 31–35. München: Prestel.

Hagenberg, J. (2014). Die „Klee Kinder" in der Kunstsammlung Nordrhein-Westfalen. In: Standbein/Spielbein, Heft 99, August 201, S. 46–48.

Hooper Greenhill, E. (2007). Museums and Education: Purpose, Pedagogy, Performance. London/New York: Routledge.

Keuchel, S. (2013). Migration, Globalisierung und Lokalisierung – Positionierungen innerhalb der Künste. Ergebnisse aus dem 1. InterKulturBarometer. In: B. Lutz-Sterzenbach, A. Schnurr, E. Wagner (Hg.), Bildwelten remixed. Transkultur, Globalität, Diversity in kunstpädagogischen Feldern, S. 53–67. Bielefeld: Transcript.

Sandell, R. (2011). On ethics, activism and human rights. In: J. Marstine (Hg.). The Routledge Companion to Museum Ethics. Redefining Ethics for the Twenty-First Century Museum, S. 129–201. Abingdon/New York: Routledge.

Schnurr, A. (2011). Weltsicht im Plural. Über jugendliche Milieus und das „Wir" in der Kunstpädagogik. In: onlineZeitschrift Kunst Medien Bildung, Text im Diskurs. http://www.zkmb.de/-index.php?id=42. Zugriff: 15.07.2015.

Simon, N. (2012). Das partizipative Museum. In: S. Gesser, M. Handschin, A. Jannelli, S. Lichtensteiger (Hg.), Das partizipative Museum. Zwischen Teilhabe und User Generated Content. Neue Anforderungen an kulturhistorische Ausstellungen, S. 95–108. Bielefeld: Transcript.

Sternfeld, N. (2012). PLÄDOYER. Um die Spielregeln spielen! Partizipation im post-repräsentativen Museum. In: S. Gesser, M. Handschin, A. Jannelli, S. Lichtensteiger (Hg.). Das partizipative Museum. Zwischen Teilhabe und User Generated Content. Neue Anforderungen an kulturhistorische Ausstellungen, S. 119–126. Bielefeld: Transcript.

Internetquellen:

http://www.kunstsammlung.de/forschen/museum-global.html

http://www.kunstsammlung.de/ueber-uns/leitbild.html

http://www.collectionstrust.org.uk/-index.php?option=com_k2&view=item&id=1740&Itemid=2012

Astrid Lembcke-Thiel

Worum es für mich eigentlich geht ...

Diesen Beitrag schreibe ich motiviert mit einem gewissen Unmut – oder ist es schon Ärger oder am Ende sogar Wut? Und kann es denn Zufall sein, dass sich die beiden Begriffe Unmut und Wut, die sich friedlich der Definition von Ärger unterordnen, dann wiederum so schön reimen mit Mut und gut? Aber dazu später, zum Mut, zum Unmut, zu Mutmaßungen und einigen Vermutungen.

Zu meiner Arbeit in der Kunstvermittlung und den Fragen, die diese für mich aufwirft und mich umtreibt. Vom Arbeiten in stetiger Selbstbefragung und Mut zum „Anderen". Unmut oder Missmut sind weniger erregende Formen von Ärger, der eine spontane, innere, negativ-emotionale Reaktion auf eine unangenehme oder unerwünschte Situation ist.

> „Ärger [engl. *anger*, Komparativ von früh-nhd. *arg* schlecht, böse], bezeichnet eine Emotion bei der die erlebende Person unzufrieden mit einem unerwünschten Ereignis ist, das sie dem tadelnswerten Tun oder Lassen einer verantwortlichen Person bzw. Institution zuschreibt. Diese Emotionen sind als innere Reaktionen zunächst spontan und in aller Regel unvermeidbar" (Dorsch 2013, 189).

Mein Unmut stammt von der als unangenehm empfundenen Situation der unendlichen Begrifflichkeiten – Kulturelle Bildung, Partizipation, gesellschaftliche Teilhabe von Migrant/-innen, Nachhaltigkeit und vieles mehr – mit denen wir „kultivierten gebildeten Kunstvermittler/-innen" jonglieren und uns in den Kunst-Kontexten bewegen. Was genau bedeuten sie? Wer definiert sie? Und wie lassen sie sich für welche kulturelle Bildungsmaßnahme nutzen? Worum geht es eigentlich? Und – warum stecke ich mittendrin?

Insofern beginnt mein Missmut schon beim ersten Schritt. Er hat damit zu tun, dass wir über „die Besucher/-innen", „die Schüler/-innen", also die „Subjekte" der Bildungsmaßnahme reden. Darüber, wie sie sich verhalten werden, wie wir ihnen ein Kunstwerk nahe bringen, damit sie dieses „verstehen", und dabei möglichst leise sind und ruhig sitzen

– ganz das Gegenteil meiner favorisierten Zielgruppe der zappligen und lauten Vierjährigen.

Die Besucher/-innen sind nämlich nicht das Problem. Wenn, dann liegt es in uns selbst. Oder noch klarer: in unserem jeweiligen konstruierten Selbst. Ist es reif genug für Bildungs- und Vermittlungsarbeit?

In diesem Feld bin ich seit mehr als zehn Jahren verortet. Warum bin ich Kunstvermittlerin geworden? Warum arbeite ich lieber mit jungen Menschen aller Altersgruppen in einem Museum und bin nicht, entsprechend meiner ursprünglichen Ausbildung, Schreinergesellin und Architektin geblieben?

Ich komme aus einem bildungsbürgerlichen Mittelschichtmilieu. Um es mit Heinrich Heine zu sagen: „So ein bisschen Bildung ziert den ganzen Menschen". So dachte und wähnte ich mich lange in der Kunstvermittlung am richtigen Ort für eine solche „Bildungsmission". Doch die Diskrepanz dieser Haltung, die wunderbar zu vielen Museen und ihren hochkarätigen Fachwissenschaftler/-innen passt, lernte ich abzulegen, je mehr Erfahrungen ich in der Vermittlungsarbeit machte.

Heine half mir wahrlich nicht weiter, als René und der größte Teil seiner Klassenkameraden, Schüler/-innen einer 8. SchuB-Klasse[1] am Faschingsdienstag im Projekt einvernehmlich und gut riechbar meinten, sie könnten wegen akuter Kopfschmerzen und „Nachbrand" nicht arbeiten. Keine Situation, in der es um Bildung und Vermittlung musealer Exponate geht. In dieser Situation und durch andere Erlebnisse konnte ich bestens erfahren, dass Vermitteln nicht damit getan ist, alles über Werk und Künstler gesagt zu haben, mittels ein paar „dialogischer Fragen" – das funktioniert für mich nicht.

Mir war also klar: Ich kann definitiv nicht „die Welt verbessern", indem ich Kunst und Kultur in einem Museum vermittle, und inzwischen ist das auch nicht mehr mein Ziel. Schon gar nicht mit der Grundannahme, dass diejenigen, die da kommen, nicht genug oder ein zu optimierendes Maß an „Kultur" besitzen würden, weshalb sie Zugänge zu Kultureller Bildung bräuchten und eben deswegen ein Vermittlungsprogramm von den verantwortlichen Pädagog/-innen gebucht wurde (Vgl. Terkessidis 2015, 129 ff.).

Das Museum hofft, durch den Ruf „Unsere Türen sind für alle offen!" etwas weniger als Ort der Hochkultur wahrgenommen zu werden und sich offen zu präsentieren für unsere multikulturelle Gesellschaft. Allein die Tempel zitierende Bauweise vieler Museen hat Einfluss auf die Besucher/-innen, die kommen oder jene, die aufgrund der imposanten Fassade und der Höhe des Eintritts eben nicht die Schwelle übertreten. Auch zeitgenössische, moderne Museums-Solitär-Gebäude prominenter Architekt/-innen wirken der Schwelle aus meiner Sicht nicht entgegen.

Beeinflusst dieses, quasi in Stein gemeißelte, Selbstverständnis von Hochkultur auch meine Haltung als die eine Institution repräsentierende Kunstvermittlerin?

An dieser Fassade und diesem Image will ich nicht mitarbeiten. Vielmehr möchte ich im Realen, im Experiment verortet sein. Ich möchte nicht zur Unterstützung eines Verständigungsprozesses oder zur Weitergabe eines tradierten, abgeschlossenen, distinktiven Wissens beitragen.

Mich interessiert der Moment, in dem ich – als Vertreterin der Institution und als Kunstvermittlerin – mit kritischem und hinterfragtem Selbstverständnis auf die Besucher/-innen treffe. Und dieses Treffen gestalte ich persönlich.

Meine Angst ist immer auch die Angst der Institution. Meine Unsicherheit ist auch die Unsicherheit der Institution. Meine Bemühung ist die ernstgemeinte Bemühung der Institution. Meine Offenheit ist die Offenheit der Institution. Mein Ohr, ist das Ohr der Institution. Wie offen, wie mutig, wie unsicher darf eine Institution sein? Wie sehr darf sie sich selbst zeigen?

In ihrer Kunstvermittlung zeigen sich die Angst, die Unsicherheit und die Sicherheit einer Institution – dementsprechend ist Kunstvermittlung wichtig, wird aber gleichzeitig aus diesem Grund häufig als ungeliebtes Stiefkind gesehen. Um sich nicht mit dem „Eigenen“ im „Anderen“ beschäftigen zu müssen.

So ist nicht mehr das Wichtigste für mich, ob jemand die Ausstellung im Sinne der Konzeption „verstanden“ hat, ob er/sie später noch weiß, wann welche/r Künstler/-in gelebt hat oder etwa, welche Gefühle er/sie beim Vollenden eines Werkes empfand.

Wichtig sind mir Begegnung und Interaktion. Von Mensch zu Mensch. Jemand ist da. Realer Ort, reale Person, reales Objekt. Er und ich, beziehungsweise die Gruppe und ich – mit der ganzen Komplexität des Kommunikationsprozesses über ein Werk.

Mit dem „im Raum sein" fängt es an

Wir in einem Raum. Wer befindet sich wo? Wer sagt was? Wer reagiert worauf und wie? Alles ist von Bedeutung. Die Raumakustik, der Geruch, das Licht, der Klang der Stimme, die nonverbale Sprache des Körpers. „Oh nein! – Ich merke ich habe Angst. Nicht viel, nur ganz wenig, aber sie ist da!"

Angst davor, dass ich keinen Zugang finde zur Gruppe, dass ich nicht das richtige Repertoire habe, um die richtige Sprache zu finden, für diese eine Gruppe, in diesem einen Moment, um den es geht, der nur jetzt in dieser Situation real ist und auf den jeder weitere aufbaut. Es gibt keine Garantie für ein Gelingen, keinen doppelten Boden. Mein inhaltliches Gepäck für das festgelegte Thema ist für das Vermittlungserlebnis und seine spezifische Atmosphäre zu diesem Zeitpunkt zweitrangig.

Geht es also um einen Adrenalin-Kick? Habe ich Freude an Lampenfieber? Wäre ich besser Schauspielerin geworden? Es scheint durchaus Parallelen zu geben …

„Große Begeisterung und Offenheit sind für Schauspieler außerordentlich wichtig, Stimme, Darstellungs- und Einfühlungsvermögen sowie Flexibilität und Phantasie … und ob man in der Lage ist, von der eigenen Interpretation abzugehen und sich auf Impulse von außen einzulassen" (Pietschmann, Schauspieler am Hamburger Thalia-Theater)[2].

Fakt ist demzufolge: Vermittlungsarbeit hat immer mit uns selbst zu tun, mit dem wer und was ich bin. Wie eine gute Schauspieler/-in kann ich die Qualität meines Tuns nur aus mir selbst generieren. Mein innerer Vorrat wächst, je mehr ich mich öffne und zeige. Also muss ich mich selbst befragen, suchen und klären, verändern und entwickeln und meine eigenen Widersprüche aushalten. Um im Prozess des Werdens eine Haltung zu gewinnen, die für kommunikative Settings tragfähig ist, mit unterschiedlichsten Menschen.

Das ist das Spannende. Das sind die Herausforderung, die Bereicherung, die Chance und zugleich die Aufgabe, die Verantwortung und das Wagnis in diesem Arbeitsfeld.

Ohne Scheitern keine Entwicklung. Wir können ebenso auch frustriert oder gelangweilt aus einem Vermittlungsprojekt herausgehen, um zu erkennen wie weit Theorie und Praxis auseinander liegen können. Oder in größter Zufriedenheit.

Es besteht immer die Möglichkeit, dass der Funke nicht überspringt und die Vermittlungssituation spröde und ohne Leichtigkeit verläuft. Der Gewinn ist aber ebenfalls immer, dass ich etwas lerne, jenseits dessen, was ich an Inhalten für den Vermittlungsanlass im Kopf verankert habe. Wer wahrhaftig und authentisch arbeitet wird auch eben solche Reaktionen zurückbekommen. Eine Vermittlungserfahrung erweitert meine eigenen Erfahrungsräume: Ich lerne etwas über Gesellschaft, ich kann Begeisterung teilen, ich kann Blicke öffnen und Räume ermöglichen: Räume zum Denken, Sprechen, Bewegen, Streiten und Dissonanzen aushalten. Immer gleichermaßen für mich selbst.

Das ist meiner Meinung nach ein unermesslicher Reichtum. Und es ist der Grund, warum ich meine Arbeit liebe.

Jeder neue Blickkontakt ist eine neue Chance

So fange ich an und folge und vertraue meiner Wahrnehmung. Raus auf die Bühne! Raus aus mir selbst. Mit Blickkontakt und Handschlag nehme ich den allerersten Kontakt auf. Hallo, wer bist du? Hallo, Samyd. Hallo, wer bist du? Hallo, Esma. Hallo, wer bist du? Hallo, Paul …

So startet das Projekt „Der Weg des Löwen“[3] nicht etwa im mir vertrauten Museum, sondern in der Kindertagesstätte. Dort bin ich die Fremde, die Neue, die „noch nicht mal weiß, wo das Klo ist!“ (Eylül, 4 Jahre). Wird es mir gelingen, eine echte, tragfähige Verbindung zu den Kindern und genauso zu den Erzieher/-innen aufzubauen?

Durch den Blickkontakt und die Berührung der Hände sind wir miteinander verbunden und die Recherche, woher ich mit dem großen alten Koffer denn eigentlich komme, nimmt dynamisch ihren Verlauf.

„Tschüss Astrid!“ – rufen die Kinder nach eineinhalb Stunden noch vom Spielplatz aus, als ich wieder gehe. „Weißt du noch wer ich bin, Astrid?“

Und wer bin ich?

Es ist für mich immer eine Suche nach mir selbst im Anderen mit den Anderen. Im Kontext mit den Dingen, mit denen ich die Welt ertragen kann. Das klingt dramatisch. Aber ist es das nicht auch?

Arbeit kann wie eine Rüstung sein, die man morgens anlegt, um abends wieder herauszuschlüpfen. Arbeit ist aber meiner Ansicht nach etwas, das sehr viel mit mir persönlich und mit meiner eigenen Initiative zu tun hat. Habe ich den Mut und die Kraft, so lange zu suchen, bis sich meine Arbeit so anfühlt, dass ich ihr meine beste Energie und Kraft geben will? Geht es mir wirklich um die Sache selbst? Oder habe ich nur beschlossen, zu akzeptieren und zu funktionieren im System? Liebe ich, was ich tue?

Brenne ich für meine Arbeit und damit auch für mich? Und springt dadurch der Funke in der Interaktion mit Anderen über, bei dem, was ich tue?

Häufig geschehen die eindrucksvollsten Erlebnisse im Leben, wenn jemand mit innerer Überzeugung und echtem Bedürfnis mit uns oder zu uns spricht oder agiert und es tatsächlich darum geht, den oder die Andere/n zu erreichen. (In Vermittlungsprogrammen stehen dafür meist nur maximal 130 Minuten zur Verfügung).

Wer das will, ist genau richtig in der Kunstvermittlung. Alles „richtig" machen, ist eine absolut legitime Motivation. Das Wagnis, auch beim „Scheitern" etwas Wertvolles zu erfahren geht nur mit Mut zum Risiko. Möglicherweise passt das, was man zu bieten hat, gerade nicht. Wer sich aus der vermeintlichen Schutzzone des Wissens – und natürlich geht es ohne dieses ebenfalls nicht – herausbewegt und tatsächlich zur Gruppe sagen kann: „Moment – ich glaube, es hört mir keiner zu. Was sind denn eigentlich Eure Fragen oder Bedürfnisse heute und hier? Wie können wir gemeinsam den heutigen Vormittag gestalten?" beweist Mut und die Beherztheit, sich zu trauen, fähig zu sein und es zu wagen, sich in eine mit Unsicherheiten verbundene Situation zu begeben. Durch solche Erfahrungen konnte ich eine eigene Haltung und ein Selbstverständnis für das, was Kunstvermittlung für mich ist, entwickeln und für meine Position in der Institution schärfen.

Wir genießen Begegnungen, in denen Menschen etwas von sich erzählen – davon, was sie lieben. Es muss nicht ausschließlich das Kunstwerk oder das Objekt des Vermittlungsanlasses sein, das man liebt. Es geht gleichermaßen um den Dialog und um das Selbst im Anderen sowie das, was die Gruppe an Reaktionen und Emotionen offenbart und schenkt.

Ein Stiftungsvorstand sagte unlängst: „Ich bin jetzt 78 Jahre alt. Eines ist mir schon sehr lange klar, seien wir mal ehrlich – es kommt immer drauf an, wer etwas macht. Und noch etwas, auch ich als Stifter habe viel während des Projekts gelernt. Ich dachte, wir geben nur das Geld. Dass wir Teil eines Prozesses sind und sich unsere eigene Haltung verändern würde, hätte ich nie gedacht".

Mutige Menschen braucht die Kunstvermittlung. Mut, um ehrlich auf sich und auf die Institution zu schauen. Mut, um das eigene Tun und Handeln kritisch zu reflektieren. Und vielleicht auch mit einer kleinen Prise Unmut, dieser wichtigen Emotion, um Mittelmäßigkeit nicht hinzunehmen.

Ein Museum ist dafür ein perfekter Ort, ein idealer „Begegnungs-Übungsraum", mit Potential zur Öffnung für die Multiperspektivität der Besucher/-innen. Das gilt auch für alle, die im Bereich der Kulturellen Bildung unterwegs sind, die offen und klar werden wollen darüber: worum es eigentlich geht ...

Abbildung 1: Graffiti an der „Motte", Stadtteil und Kulturzentrum in Hamburg Ottensen

Anmerkungen

1 Das Modell der sogenannten SchuB-Klasse ist ein Förderprojekt des Europäischen Sozialfonds für Hauptschüler/-innen der 8. Klasse, deren Abschluss gefährdet ist. Es verbindet Lernen in Schule und Betrieb praxisorientiert. Im Sinne von Handlungs- und projektorientiertem Arbeiten wurde in diesem Fall das Museum als außerschulischer Lernort mit einbezogen.

2 Pietschmann, Spiegel Online 20.11.2001, http://www.spiegel.de/sptv/special/a-168388.html (20.07.2015)

3 Das Kita-Kulturprojekt „Der Weg des Löwen" ist ein interdisziplinäres Vermittlungskonzept, in dem je 15 fünfjährige Kinder aller 36 städtischen Wiesbadener Kindertagesstätten an fünf Terminen das Museum mit seiner Architektur und seinen Sammlungen von Kunst und Natur erfahren und erkunden. Gesponsert wurde es vom Lions Club Wiesbaden Mattiacum und wird nun komplett vom Amt für Soziale Arbeit weiter finanziert.

Literatur

Terkessidis, Mark (2015). Kollaboration. Berlin: Edition Suhrkamp.

Dorsch (2013). Lexikon der Psychologie, Hrsg. von Markus Antonius Wirtz unter Mitarbeit von Janina Strohmer, 16. Auflage, Bern: Huber.

Julia Schöll

Der Vermittlungshabitus und der ästhetische Blick

> „Es wird ein um so hartnäckigerer Kulturbegriff sein, um so weniger Kultur in ihm ist." (Bernhard 2013, 183)

Es war nicht der erste Kommentar, aber ein heftiger, als Wolfgang Ullrich in seinem Artikel in der ZEIT „Stoppt die Banalisierung!" das ausufernde Vermittlungsangebot in Museen als eine Banalisierung der Kunst kritisierte, die jegliche Voraussetzung zur Rezeption von Kunst ignoriere. Die missionarische Aufgabe vieler Kunstvermittler/-innen, die Kunst für alle Bildungsschichten zugänglich zu machen, scheint ihm die Gefahr zu bergen, sich in der Vereinfachung ästhetischer Phänomene im Museum zu verfangen. Demnach bliebe der Zugang zu den Kunstwerken letztendlich verwehrt.

> „Sich ein Kunstwerk aneignen heißt, sich erweisen als exklusiver Inhaber des Gegenstandes ebenso wie des wahrhaften Geschmacks an ihm, der sich damit verwandelt in die dingliche Negation all derer, die nicht wert sind, ihn zu besitzen, weil ihnen die materiellen oder symbolischen Mittel zur Aneignung fehlen, oder einfach ihr Wunsch danach nicht stark genug war, ihm ›alles zu opfern‹." (Bourdieu 1987, 438)

Pierre Bourdieu versteht die Kunstbetrachtung im Museum als eine Form kultureller Macht, in der die Oberschicht mit ihrem ästhetischen Blick und Wissen ihre Privilegien gegenüber den niederen Klassen demonstrieren. „Unfähig, die von den ausgestellten Kunstwerken angebotene Information zu lesen, fühlen sich die bildungsfernen Betrachter im Kunstmuseum verunsichert und deplatziert." (Schumacher 2011, 109) Bourdieu untersuchte die Legitimations- und Ausschlussdynamiken der Klassenunterschiede an Betrachter/-innen der Kunst und entdeckte, dass jede Gruppe je nach gesellschaftlichem Rang einen bestimmten Habitus annimmt. So ist davon auszugehen, dass Arten der Aneignung kultureller Objekte ebenfalls die Kunstvermittler/-innen zu bestimmten Ansätzen der Vermittlung führen. Wenn nun Kunstvermittler/-innen Programme für ‚museumsferne' Gruppen entwickeln, sind diese zwangsläufig auf einer Grundlage der Ungleichheit an ästhetischer Bildung aufgebaut. Diese Ungleichheit, dieser Unterschied im ‚Besitz' kultureller Objekte wie sie im Museum verhandelt werden, schlägt sich in der Praxis im Habitus der Vermittler/-innen nieder. Selbstverständlich mindert das nicht das Anliegen dieser Vermittler/-innen, Kunst für alle zugänglich zu machen. Allerdings sind nach Bourdieu Vorstellungen einer radikalen Opposition – einer Kunst für alle – Trugbilder, da jede Gegenposition nur innerhalb des Feldes existieren kann, von dem sie sich abgrenzen will und somit die Regeln des Feldes immer wieder reproduziert.

Eventuell sind aktuelle Vermittlungsansätze für ‚museumsferne' Gruppen nur Phänomene des selben Bereichs: des Museums als Reproduktionsstätte für Werte und Macht, das die Kunst für die Oberschicht bewahrt und das Vermittlungspersonal in der Gegenposition begrenzt wirken lässt, zur Steigerung der Besucherzahlen.

Als eine Errungenschaft spätestens der Französischen Revolution ist das Museum, zumindest theoretisch, für alle Gesellschaftsschichten zugänglich; zeitgleich gewannen auch die Künstler an Autonomie und waren nicht mehr nur an jeweilige Herrscher gebunden. Sie distanzierten sich von den Höfen, später auch von den klassischen Ausstellungsformaten und fanden andere Wege, Öffentlichkeit für ihre Werke zu erlangen.

Das Museum ist nach Bourdieu weiterhin diejenige Institution geblieben, die für die bürgerliche Gesellschaft bestimmt, was Kunst ist. „Indem (und nur dadurch, dass) das Museum kulturelle Produktionen aus ihrem Produktionszusammenhang separiert, werden sie zu Kunstwerken". (Kastner 2009, 99) Betrachten wir das Museum als einen Ort, an dem ökonomisches, soziales und kulturelles Kapital verhandelt werden, stellt sich die Frage, ob die Kunstvermittlung in diesem Rahmen eine individuelle Kunsterfahrung ermöglichen kann. Eine Kunstvermittlung als Loslösung und Aufhebung des Privilegs zum ästhetischen Blick der Oberschicht, die Herrschaft des Kapitals unterstützend, eine Herrschaft, die umso reibungsloser funktioniert, „je demokratischer ihr Anstrich erscheint" (Kastner 2012, 113). So mag der Trend zur Kunstvermittlung für kunstferne Milieus einer sein, der Bildungsgerechtigkeit unterstützt oder eben lediglich ein Symptom der Bedingungen des modernen Museums, das über steigende Besucherzahlen seinen Erfolg definiert und so Besucher/-innen aus allen Gesellschaftsschichten anwirbt. Die Kunstvermittler/-innen bewegen sich innerhalb des Spannungsfeldes der Erwartungen des Museums, der Erwartungen der Besucher/-innen, deren Motivationen für den Museumsbesuch und der eigenen Motivation für Vermittlung. So wie Besucher/-innen des Museums einen gewissen Habitus zeigen und dieses ihr Erkennen von Kunst beeinflusst, ist anzunehmen, dass auch das Vermittlungspersonal einen solchen Habitus zeigt, der „*Erzeugungsprinzip* objektiv klassifizierbarer Formen von Praxis und *Klassifikationssystem* [...] dieser Formen" (Bourdieu 1979, 277) ist.

Das Bild und der geführte Blick

Anhand von drei „Typen" der Vermittlung soll genauer erläutert werden, inwiefern sich im Vermittlungsverhalten ein Habitus erkennen lässt, bei dem es sich „um Verkennen wie Anerkennen einer auch in den Köpfen festsitzenden Ordnung handelt" (Bourdieu 1979, 281).

Den wohl bekanntesten Typus von Vermittlung hat fast jeder einmal in seiner Schullaufbahn miterlebt: der Ausflug ins Museum mit der Schulklasse. Oftmals handelt es sich um ausgebildete Pädagog/-innen, die durch die Ausstellung führen. Witzig und flexibel treiben sie die Herde an Schüler/-innen voran, während eine ermüdete Lehrkraft gelangweilt das Schlusslicht bildet. In nahezu jedem Bild oder Objekt lassen sich Anknüpfungspunkte an die Lebenswelt der Kinder finden und nach der Führung wird in einer praktischen Übung das Erlebte reflektiert. Nach allerlei freien Assoziationen lassen die Kinder ihre Plakate zurück, weil diese ihren eigenen ästhetischen Ansprüchen nicht gerecht werden. Kann hier von Kunstvermittlung die Rede sein? Kann hier von Vermittlung die Rede sein? Haben die Kinder eine kunstgeschichtliche Vorbildung und gut ausgebildete Fähigkeiten im Lesen von Gemälden und anderen Kunstwerken, dann kann das durchaus eine gelungene Art der Vermittlung sein. Es kann ihnen im Gespräch mit der Gruppe Einblick geben, in die vielfältigen Möglichkeiten der Interpretation von Kunst und die Umsetzung in eine praktische Übung eröffnet Möglichkeiten der Erkenntnis, die außerhalb der sprachlichen Mittel der Kinder liegen. Wenn aber dieser Bildungshintergrund nicht vorhanden ist, ziehen Vermittler/-innen mit dieser Art von Vermittlung eine unsichtbare Grenze zwischen den Schüler/-innen und der Kunst. Den Schüler/-innen wird keine Tür geöffnet, in eine ihnen bisher unbekannte Welt, sondern ein Riegel vorgeschoben an der Stelle, an der ihre schon vorhandenen Kompetenzen enden.

Nehmen wir einen anderen Typus: die ergebene Gruppe an Zuhörer/-innen gegenüber eines/-r Kunsthistorikers/-in. Hier findet die Führung weitgehend ohne Kommunikation statt. Mit gedämpfter Stimme doziert die Vermittler/-in über die verschiedenen Werke auf eine Art und Weise, die Fragen aus dem Publikum nahezu verhindert. Eine große Anzahl an Hilfsmitteln wie Handzettel, Kataloge, Schrifttafeln, ein Audioguide für kürzere Abschnitte, in denen das allwissende Führungspersonal in den Hintergrund tritt, dienen zur Information, zur reinen Information. Angefüllt mit neuem Wissen über den historischen Kontext, autobiografische Hintergründe und Verbindungen zu anderen Künstler/-innen verlassen die Besucher/-innen das Museum. Ob dabei ihr Kunstverständnis gewachsen ist, bleibt fraglich, denn die Verknüpfung mit den Bildwelten der Besucher/-innen hat nicht stattgefunden. Auch hier wird deutlich vermittelt, dass die Kunst dem Museum gehört, der/die Vermittler/-in daran teilhat und die Besucher/-innen in diesem Gefüge nur Gast sind.

Im *Erlebnismuseum* hingegen beginnt die Führung mit einem Kennenlernspiel, um eine lockere Atmosphäre zu schaffen für die nachfolgende interaktive Führung. Hier ist alles erlaubt, der/die Vermittler/-in fungiert als Moderator/-in zwischen den Besucher/-innen und deren unvoreingenommenen Blick auf die Kunst. Auch hier wird nicht kontrovers diskutiert, was Kunst ist und sein kann, hier werden die Besucher/-innen unterhalten.

Was bedeutet dies für das Vermittlungspersonal? In der Intention, einen Kommunikationsprozess anzustoßen, finden sie Beschränkungen. Die Vermittler/-innen im Museum finden die Kunst nicht frei verfügbar vor, sie ordnen sich vielmehr ein in ein Netz von räumlichen und strukturellen Bedingungen und reproduzieren dieses Machtverhältnis in ihren Führungen. Sobald Kunst im Museum ausgestellt wird, ist ihre Wahrnehmungsweise von der Institution geprägt, dabei ist sie lesbar von Betrachter/-innen, die Code und Semantik der jeweiligen Institution kennen. „Man könnte nun [Ausstellen und Vermitteln] auch als die Organisation eines Verhältnisses bestimmen." (Puffert 2013, 44) Ein Museum, das also Kunstvermittlung für alle gesellschaftlichen Gruppen anbieten will, muss in seinem Vermittlungsangebot die jeweilige Ausrichtung des Kunstwerkes mit der jeweiligen Ausrichtung der Besucher/-innen abstimmen. Dabei bleibt zu beachten, was Bourdieu in seinem „Entwurf einer Theorie der Praxis" formulierte:

„Die Beobachtung, daß Praktiken eigene Logiken haben, die überhaupt nicht identisch sind mit den unterschiedlichen Diskursen, welche die Betroffenen über sich selbst führen, nötigt dazu, ein sehr weites Gebiet des sozialen Handelns zu erschließen, nämlich die Bedeutung des Impliziten, dessen, was die Akteure nicht aussprechen aber bei ihren Handlungen als gültig voraussetzen. Jegliche hermeneutisch verfahrende kulturwissenschaftliche Arbeit stößt hier an ihre Grenzen und produziert Irrtümer; denn sie hat für das Implizite keinen Platz." (Flaig 2000, 368).

Das Bild erkennen

Denken wir das Museum als zunächst neutrales Feld, ergibt sich hier die Chance, normative Handlungsweisen der Kulturindustrie im bewussteren Umgang mit dem Habitus als ein „generierendes Prinzip, das als Spiel den Bestand neu strukturiert" (Kirschenmann 2013, 71) zu verändern. „Wenn die Botschaft nur von Besitzern eines Codes entschlüsselt werden kann, der durch eine lange institutionalisierte Bildungserfahrung angeeignet wurde, versteht es sich von selbst, daß die Rezeption von der Beherrschung des Codes durch den Rezipienten abhängt". (Bourdieu 2006, 119). Die Lösung dafür, diesem Verhältnis entgegen zu wirken, kann nicht alleine eine institutionskritische Vermittlung sein, die sich doch wiederum in eine Kulturinstitution einbettet, sondern „eine Analyse, die der Spezifität eines Kunstwerks in all seinen Facetten gerecht würde, dabei aber auch auf all jene sozialen Beziehungen verweise, die diesem inhärent sind und durch die es definiert wird. Dazu gehören selbstverständlich jene sozialen Bedingungen, die es überhaupt ermöglicht haben." (Graw 2008, 304) Das wäre ein Museum, das in seiner Vermittlung benennt und testend hinterfragt, was Kunst zu einem großen Teil auch ist: ein Objekt ästhetischer Produktion, das sich einordnen lässt in eine Geschichte des Bildes, in der Kunst eine exklusive Position der Funktionslosigkeit einnimmt. „Diese Werke verbinde nichts als ein Interesse für Form und Technik statt für Funktion und Inhalt". (Kastner 2009, 99) Wenn ein Kunstwerk als ein Bild von vielen erkannt werden kann, bedeutet das gleichzeitig die Möglichkeit, dieses in subjektive Hierarchien einzuordnen und nicht mehr erstarrt vor Kunstwerken im Museum zu stehen als wären sie fern der eigenen Wahrnehmungsmöglichkeiten und Lebenswirklichkeit. Gleichzeitig bedeutet dies die Forderung nach einem offeneren Vermittlungsbegriff. Der Begriff des Habitus bleibt dabei seiner Natur gemäß ein theoretischer, aber eine Reflexion dieses Begriffes in der eigenen Praxis kann ein offeneres Kunstverständnis fördern. Nimmt man Prozesshaftigkeit und Selektionszwang eines Kommunikationsvorgangs ernst, ergeben sich anschließbare Kommunikationen des Künstlers zum Medium des Kunstwerks, der Öffentlichkeit über das Kunstwerk und eben auch der Betrachter/-innen mit dem/der Vermittler/-in. Wenn Kunst öffentlicher zugänglich sein soll, müssen diese Kommunikationen transparenter werden. Kunstbetrachtung bedeutet nicht nur, das Werk zu betrachten, sondern auch Entstehungshintergründe, Bildverwandtschaften im öffentlichen Raum und im privaten Bereich zu beleuchten. Der Ort, an dem das stattfindet, sollte sich vor allen Dingen dadurch auszeichnen, dass dort Vermittler/-innen mit den Besucher/-innen eine gemeinsame Form der Kunstrezeption betreiben. Für eine erfolgreiche Vermittlung ist es entscheidend, dass die Fähigkeit der Betrachter/-innen, Bilder zu lesen, gefördert wird. Der Weg zum Kunstwerk lässt sich natürlich erleichtern durch einen spielerischen Eintritt in allzu ehrwürdige Hallen des Museums, aber auch durch die Präsentation des Kunstwerks selbst, durch einen führenden Ausstellungsaufbau. Das heißt keineswegs, dass Momente der Irritation nicht wünschenswert wären. Es heißt vielmehr, dass es Raum dafür geben muss, diese Irritation zu kommunizieren und einzuordnen in ein Netz von bereits bekannten ästhetischen Phänomenen. Wenn ein Kunstprodukt sich durch Besitzmöglichkeiten auszeichnet, kann nur der verinnerlichende Prozess der Erkenntnis des Objekts als Bild ein befreiender Weg aus Kapitalverhandlungen sein. Der Fokus auf die Bildkompetenz erleichtert nicht nur den Betrachter/-innen den Zugang, er vermindert auch die Reproduktion von habituellen Momenten der Vermittler/-innen. Die Möglichkeiten „ein Bild *als Bild* wahrzunehmen, die »plastische Kompetenz«, d. h. den *Gegenstand* »Bild« zu erkennen" (Bering & Niehoff 2013, 18) sind nicht auf die Kunst und ihre Produktionsbedingungen beschränkt, sondern finden sich in allen visuellen Bereichen. Hierin liegt frei verfügbar für alle Gesellschaftsschichten ein Zugang zur Kunst. Eine Umverteilung des kulturellen Kapitals in gleichwertigere Positionen kann möglich sein durch eine Vermittlung von Kunst im größeren Zusammenhang der Vermittlung einer Bildkultur, die ihren Platz nicht nur im Museum hat.

Literatur

Bering, K. & Niehoff, R. (2013). Bildkompetenz. Eine kunstdidaktische Perspektive. Oberhausen: Athena.

Bernhard, T. (2013). Alte Meister. Frankfurt am Main: Suhrkamp.

Bourdieu, P. (1979). Die feinen Unterschiede. Kritik der gesellschaftlichen Urteilskraft. o. O.: Suhrkamp.

Flaig, E. (2000). Pierre Bourdieu. Entwurf einer Theorie der Praxis. In: W. Erhart & H. Janmann. Jahrhundertbücher. Große Theorien von Freud bis Luhmann, S. 358–382. München: C.H. Beck.

Fraser, A. (2005). Museum Highlights: A Gallery Talk. In: A. Alberro. Museum Highlights. The Writings of Andrea Fraser, S. 95–115. Cambridge und London: MIT Press.

Graw, I. (2008). Learning from Bourdieu. In: B. von Bismarck, T. Kaufmann & U. Wuggenig. Nach Bourdieu: Visualität, Kunst, Politik, S. 303–317. Wien: Turia + Kant.

Kastner, J. (2009). Die ästhetische Disposition. Eine Einführung in die Kunsttheorie Pierre Bourdieus. Wien: Turia + Kant.

Kastner, J. (2012). Der Streit um den ästhetischen Blick. Kunst und Politik zwischen Pierre Bourdieu und Jaques Rancière. Wien und Berlin: Turia + Kant.

Kirschenmann, J. (2013). Das Habitus-Theorem als Movens im Bildumgangsspiel. In: S. Engels, R. Preuss & A. Schnurr. Feldvermessung Kunstdidaktik. Positionsbestimmungen zum Fachverständnis, S. 65–78. München: kopaed.

Puffert, R. (2013). Die Kunst und ihre Folgen. Zur Genealogie der Kunstvermittlung. Bielefeld: Transcript.

Schumacher, F. (2011). Bourdieus Kunstsoziologie. Konstanz: UVK.

Katharina Mantel

Eine Kunstvermittlung der radikalen Akzeptanz

Eigentlich sind die Bedingungen für Kunstvermittlung im Augenblick ja traumhaft: Kunstvermittlung bekommt Rückenwind durch kultur-, bildungs- und sozialpolitischen Druck auf die Institution, durch die Verbreitung von Best-Practice-Beispielen, durch Förderprogramme, die die Etablierung von Methoden oder die Arbeit mit bestimmten Gruppen initiieren. Die Aufgaben der Kunstvermittlung erweitern sich ständig, und gleichzeitig verändern sich dadurch, und unabhängig davon, Kunstinstitutionen und auch die Kunst an sich. Kunstvermittlung gewinnt an Aufmerksamkeit – vieles ist plötzlich möglich. Alles sehr erfreulich für unsere Profession. Die Entwicklungsmöglichkeiten schienen vermutlich noch nie so groß, genauso wie die Erwartungen.

Wie diese Chance genutzt oder verfehlt wird, scheint über den Status der Vermittlung zu entscheiden, vielleicht für manche sogar über Legitimation und Qualität von Kulturinstitutionen generell.

Im Prinzip passiert das, was sich viele Kolleg/-innen des Faches seit Langem wünschen: Man kommt auf sie zu und sie erfahren eine Aufwertung innerhalb der Institution. Dabei liegt manchmal ein schmaler Grat zwischen Aufwertung und Abwertung. Die Kunstvermittlung wird zuweilen behandelt wie ein lange vernachlässigtes Kind, dessen Hochbegabung und Potential zudem noch übersehen wurden – Schande über alle – und nun Förderung, Förderung, Förderung bedarf. Das Kind muss an die Hand genommen werden, um ihm den Weg zur hoffentlich baldigen vollen Blüte zu zeigen.

Markant ist dabei, dass dieser erhöhten Aufmerksamkeit weniger die Wertschätzung der Arbeit zu Grunde liegt, als die nicht selten erst von außen oder im Vergleich angetragen, dringend notwendig erachtete Optimierungsnotwendigkeit. Meist erfolgt die Aufwertung „fachfremd“, von außerhalb der Institution (durch Förderer, Politiker, Sponsoren, Besucherzahlen, Presseberichte), wodurch ein Druck entsteht, der (zur Freude oder zum Leidwesen) weitergeleitet wird und zu Taten drängt.

Erstrebenswerte Ziele und Qualitätskriterien, die die Diskussion bestimmen, werden häufig gar nicht mehr aus den Reihen der

Kunstvermittler/-innen selbst formuliert, sondern vielmehr von Akteur/-innen, die aus unterschiedlichen Motivationen heraus, mit unterschiedlichen Kompetenzen, Hintergründen, Perspektiven und Zielen, den Bereich der Kunstvermittlung für sich entdeckt haben.

Nein, Kunstvermittlung ist kein vernachlässigtes Kind, sondern ein eigenes ernstzunehmendes Fachgebiet. Wobei zugeben werden muss, dass es aufgrund dieses vielseitigen und komplexen Aufgabengebiets tatsächlich erst einmal recht nahe liegt, sämtliches Personal in diesem Bereich als chronisch unterqualifiziert abzustempeln. In der Tat dürfte es als Außenstehende/r nicht ganz einfach sein, bei „uns" Kunstvermittler/-innen durchzublicken: Kunstvermittlung kann sich höchst individuell entwickeln – nicht nur, dass es ganz unterschiedliche inhaltliche und methodische Ansätze in den Häusern gibt, sondern auch die Aufgabengebiete der Kunstvermittlung, die Arbeitsverhältnisse und -bedingungen von Haus zu Haus gänzlich uneinheitlich „geregelt" sind. Dazu kommt, dass „wir" unterschiedliche Ausbildungen und Qualifikationen haben und der Bereich der musealen Kunstvermittlung mit seinen vielfachen Anforderungen in der Regel mehr oder weniger immer als Seiteneinsteiger erschlossen wird, da es kaum spezialisierte Studiengänge dafür gibt. Eine gewisse autodidaktische Arbeitsweise ist also im Kern angelegt und dazu kommt, dass mit jeder Erweiterung und neuen Aufgaben sich weiteres Wissen, Methoden, Kontexte angeeignet werden muss – anders gesagt: es existieren in diesem vielfältigen Bereich sehr verschiedene Lerngelegenheiten und Notwendigkeiten. Von außen dürfte sich ein unübersichtliches, verwirrendes Bild ergeben, darüber was „Kunstpädagog/-innen" optimalerweise können sollten. Bestenfalls wären wir „multihochbegabte Tausendsassa" oder „anpassungsfähige Chamäleons" – bei allem anderen ist es nur logisch, dass es zu Enttäuschungen kommt. Um sämtliche Möglichkeiten kompetent ausschöpfen zu können und den Anforderungen gerecht werden zu können, bräuchte es schlicht mehr Personal in den Vermittlungsabteilungen, damit die Arbeit in Ressorts und nach Kompetenzen aufgeteilt werden kann, wie es zum Beispiel in England an vielen Häusern üblich ist.

Wünschenswert wäre demnach mehr Verständnis dafür, dass Kunstvermittler/-innen in einem breiten, vielseitigen und anspruchsvollen Feld agieren, in dem sie immer lebenslang Lernende sind, die zudem ohne viele Vorbilder einen eigenen Weg erproben und etablieren müssen. Gleichzeitig braucht es Anerkennung dafür, dass mittlerweile viele Profis im Feld arbeiten, die einst Autodidakt/-innen waren.

Gute Kunstvermittlung machen zu können, liegt nicht allein in der Verantwortung von engagierten, kompetenten Kunstvermittler/-innen, sondern auch in der Verantwortung jener, die über ihre Bedingungen mitentscheiden und bestimmen können. Neben eingefahrenen Strukturen und Machtverhältnissen, existieren auf allen Seiten Klischees, die durch Mangel an Austausch meist noch gepflegt werden. Es braucht Kommunikation, um sich kennen zu lernen, und gemeinsame Entscheidung darüber treffen zu können, welche Wege Kunstvermittlung gehen soll, muss, darf, kann, will.

Häufig werden Erwartungen an die Kulturinstitution herangetragen, die sich dann als Erwartungshaltungen an die Kunstvermittlungsarbeit niederschlagen: „Macht ihr auch was für diese oder jene Zielgruppe? Das kam in diesem und jenem Museum ja total gut an, warum macht ihr nicht mal ...?“ In diesem Zusammenhang schwingt ein Thema mit, das geradezu traumatisch besetzt ist: Die Infragestellung der Legitimation der Institution, und zwar auf banalster Ebene, durch die Themen „Besucherzahlen“ und „Abbau von Hemmschwellen bei den Besucher/-innen“. Dass solchen Fragen eine gewisse Brutalität innewohnt – dem Gegenstand, den Teilnehmenden sowie der Kunstvermittlung gegenüber – scheint vielen Leuten nicht bewusst. Die Stärkung des Bereiches Kunstvermittlung kann nicht nur als Unterstützung der Institution verstanden werden. Es kann auch eine bestimmte Auffassung zu Grunde liegen, die die Relevanz und Legitimität einer Institution nicht mehr zum Beispiel an Inhalten, gewagten Experimenten und eröffneten Freiräumen orientiert, sondern als schlagende Argumente die Breitenwahrnehmung und die Zugänglichkeit eines Museum bekräftigt, es also über sein soziales, gesellschaftliches Engagement definiert.

Schlagende Argumente, die vieles denkbar, aber eben auch undenkbar machen – in Kunst, Kunstmuseen und Kunstvermittlung.

Das Entwicklungspotential unterscheidet sich von Haus zu Haus. Mit Qualitätskriterien und Standards zu hantieren, um die Entwicklungen der Kunstvermittlung voranzutreiben kann förderlich, aber eben auch gänzlich kontraproduktiv sein. Einem gesunden Selbstvertrauen in die Handlungsspielräume der Kunstvermittlung ist diese Herangehensweise weniger zuträglich. Konkurrenz belebt das Geschäft – gleichzeitig vereinheitlicht es dieses auch. Wir sind immerhin in der Kulturbranche tätig und unsere Bedingungen hängen mit den Bedingungen für die Kulturinstitution zusammen. Sieht man Kunstvermittlung als Teil der kulturellen Produktion einer Institution und der Gegenwart, so äußert sich auch in der Kunstvermittlung ein aktuelles kulturelles Verständnis. Ablesbar ist an solchen Fragen auch eine Unwissenheit darüber, wie im Bereich Kunstvermittlung Entscheidungen getroffen werden und dass es dafür (noch) meist aus guten Gründen unterschiedliche Wege gibt. Es hängt nicht nur von den personellen, finanziellen Rahmenbedingunen und Kapazitäten ab, sondern nicht zuletzt von der jeweiligen Haltung, die man seiner eigenen Arbeit, seinem Gegenstand, seinen Mitarbeiter/-innen und seinem Publikum gegenüber einnimmt. Das jeweilige Selbstverständnis des Hauses ist ausschlaggebend. Daraus Qualitätskriterien zu generieren und damit einen Vergleich unterschiedlicher Kunstvermittlungs-Abteilungen von Museen versuchen zu wollen, kann nicht funktionieren. Diese sind divers und individuell – und genauso kann auch Kunstvermittlung sein.

Kunstvermittler/-innen sind immer eingebunden und arbeiten eingebunden in einen größeren Kontext und gerade im Bereich der Kunst gestalten sie aktuelle Kultur mit – und zwar mit dem was und wie sie etwas tun genauso wie mit dem, was sie nicht tun.

Zeitgenössische Kunstvermittlung ist das, was Kunstvermittler/-innen heute machen. Ob eine Kunstvermittlung kaum existiert, ob sie gefördert oder gefordert wird, ob sie kämpft oder verkannt wird, ob man an ihr vorbei redet, sie unfassbar ist, oder innovativ, ob sie scheitert oder brilliert – die Arbeit der Vermittler/-innen ist faktisch und ohne Bewertung Teil des Phänomens Kunst in ihrer Zeit und gleichzeitig auch Ausdruck davon.

Was die Kunstvermittlungen heute alles tun, sollen, dürfen, müssen, können, wollen, … erzählt vermutlich mehr über die Zeit oder den Zustand der Kulturinstitution, als über die Situation der Kunstvermittlungsarbeit an sich.

Kunstvermittlung braucht, ebenso wie Kunst, keine Idealisierung oder Verklärung, um da und sogar gut zu sein. Sie braucht jedoch die Etablierung von Begriffen und Worten. Es ist wichtig, einen Ton zu finden, der die Kunstvermittlungsarbeit in ihrer Vielheit adäquat fasst und durch den man sie beim Wort nehmen kann. Um Kunstvermittlung ernst zu nehmen. Gegen falsche Erwartungen, die auf unbegründeten Versprechungen beruhen, die sich nicht auf Kunst, Kulturinstitution oder Kunstvermittlung beziehen, sondern diese vereinnahmen, ihnen übergestülpt werden.

Vermutlich ist es völlig banal: Wie sähe eine Kunstvermittlungsarbeit aus, die sich konsequent aus einer radikalen Akzeptanz herleitet? Eine radikale Akzeptanz und Ehrlichkeit sich selbst gegenüber, dem Gegenstand gegenüber, ihrem Kontext gegenüber – eine Kunstvermittlung, die den Ist-Zustand radikal und bis in die letzte Konsequenz akzeptiert? Je nachdem, ließe sich dann beispielsweise denken: Business ist eben Business und wenn Kunstbetrieb Business ist, muss Kunstvermittlung eben auch Business sein. Eine Kunstvermittlung, die ein anders Verständnis zur Grundlage hat, wäre dann geradezu die Vortäuschung falscher Tatsachen. Oder stellt sich heraus, dass die Befragung des eigenen Selbstverständnisses – ein ständiges Suchen, Finden, Behaupten und Verwerfen – die Qualität zeitgenössischer Kulturproduktion ausmacht und als spezifisches Merkmal zeitgenössischer Arbeit von Kunstinstitutionen und Kunstvermittlung sogar gewünscht wird?

Wie auch immer – eine Kunstvermittlung der radikalen Akzeptanz müsste ihre Arbeit konsequent am Selbstverständnis und dem Ist-Zustand einer Institution ausrichten und sich daraus entwickeln. So ließe sich für jede Institution und Kunstvermittlung, eine eigenständige Positionierung entwickeln, die sich adäquat, ehrlich und eigenständig zu den aktuellen Anforderungen verhält und aus sich heraus Perspektiven entwirft.

Welche Konsequenzen dies für die Kunstvermittlung hätte – ob sie als Add-On oder als elementarer Bestandteil der Institution gedacht, verstanden, wahrgenommen würde, ob diese mehr oder weniger mit dem fachspezifischen Interesse von Kunstvermitler/-innen zu tun hätte, wäre dann die Frage …

Elisabeth Bodin

Into Art

Ready for a Visual World at Louisiana Museum of Modern Art

Computers, music, sports, film, hanging out with friends – these are some of the common answers that children give when they are asked, "What are you into?" To hear them say ART is more rare, and those who do tend to be girls. No need to worry, though, the boys grow up; and if they do get into art, more often than not, they have better success at forming careers as artists, researchers and directors of art museums. At least until now. This article, however, is not intended to address gender issues but rather to give thought for a minute to; how cool it would be if more kids were into art! More of their time. Here is a light-hearted attempt to explain why and how they can be – not simply out of competition with other fields of interest – but because of the things that art can do.

"Tell the truth but tell it slant", the poet Emily Dickinson once wrote. Although rarely straightforward, art offers ways of expressing what you see, feel, hope or wonder in ways that others might understand, identify with or start to think about. Sensing more poignantly. Looking more deeply. Art is what dreams are made of. Models of the world. Sensorial knowledge. A language which can travel and be shared across borders and time. And for kids, it is also a great opportunity for learning in a powerful way and a way that is different from how most of them learn in school. More on this shortly.

First, let me turn to Louisiana Museum of Art, where we find our young guests forever fascinated by Yayoi Kusama's *Gleaming Lights of the Soul*, Louise Bourgois's *Doublespiders,* and David Hockney's *A Closer Grand Canyon,* to mention a few works. Kids proudly bring home their personal interpretations of a Calder mobile or a Giacometti sculpture. Teenagers in a workshop are ready to go to great lengths to produce a video together, even if the idea they have in mind will make them walk into the sea with all their clothes on in the middle of October. Many schoolchildren we meet who, according to their teachers, never say much or show little motivation suddenly turn into the most active kids

Figure 1: Fascinated by Yayoi Kusama's Gleaming Lights of the Souls, 2008. Photo: Johanna Lassenius

in class when exploring artworks either through conversation or the process of making. We watch refugee children reach a more peaceful state of mind and find a common language through drawing or collaging, thus connecting with each other and their own inner worlds.

1. Young visitors matter

Ever since the opening of the museum in 1958, Louisiana Museum of Modern Art has considered our youngest visitors to be of great importance and made space and activities especially for them. In the beginning, the set-up was modest. One of the rooms of the old villa was used for this purpose, inspired by the room underneath the staircase at the Stedelijk Museum. In 1994, the Children's Wing opened. A statement was made along the way, with a memorable exhibition called *Children are a People* back in 1978. So the ambition was clear, and it still is: Kids should feel welcome at an art museum like Louisiana. Art is for them!

Research tells us that lifelong interests are born in early childhood; especially enriching moments with family are key to stimulating curiosity in a certain direction. As an art museum, Louisiana Museum of Modern Art is privileged that nearly 80,000 of the 550,000–700,000 annual visitors are children and youngsters under 18. Most come with their families; some come with their schools. Louisiana is also privileged in another way because of its Children's Wing, where three floors of free activities are offered to our youngest visitors and their parents. On certain days, workshops for families or 10 weeks art courses are offered. All activities are related to the current exhibitions. These workshops provide hands-on opportunities for experimenting with techniques and materials. The activities are self-directed – available for the kids to do as much as they want and in the way they want, but always with some inspiring examples from other kids as well as from the Children's Wing educators. The result is a kind of visual skateboard ramp where you have a chance to try out your own tricks and ideas or pick up new ideas when you visit the galleries. These activities also serve as a personal reference when the children or youngsters are standing in front of a painting or a sculpture.

2. Visual skills for the future

This is all very well for those children who grow up in families with a cultural and social background who see the value of art. We see these children return when they grow up and begin to bring along children of their own. And with the numbers visiting Louisiana each year turning Louisiana into the most widely visited Danish art museum, it seems like there are quite a few adults who along the way came to see art as something valuable. But what about those who never encounter art as part of growing up? What are their chances of getting a flavour what this world might have to offer them? For them, learning programmes and close collaborations with schools are key. What kind of work then needs to be done, and how much can an art museum do? These are questions that have been preoccupying me as Head of Louisiana Learning for a number of years. The questions are at the forefront of my thinking not only for reasons of accessibility – trying to give as many children as possible great art experiences. They are also linked to the most obvious challenge created by the time in which we live – the need to possess a high level of visual skills. These skills have become crucial in navigating the constant visual overflow of the medias we use. Both knowing how images are produced and affect us and knowing how to express oneself in visual media. Just as the ability to look deeply, using all senses to critically read and judge a visual world, these should be vital skills for future generations. What better place to start than by studying some of the greatest visual masters throughout history: the artists.

Through school visits, children are given the opportunity to experience and engage with art outside the classroom. With the best will in the world, classroom resources will never match the resources of the gallery. Usually, school art classes are based on illustrations in a book or a slide show. Back at their schools, if these kids are fortunate, their teacher may introduce them to what art is made from – questions, feelings, observations – when engaging them in creative activities. Yet with art classes limited to just a few hours a week and only a limited number of their school years, not to mention the limited budget for buying quality materials, the prospects for children's engagement with art are not very promising. In Denmark, as in many other countries, creative subjects such as art, music and drama have been given low priority for years. This low priority may also influence the schools' willingness to spend their limited budget on school trips to an art museum rather than a science or historical museum. One positive development, however, is a recent school reform encouraging teachers to work across disciplines, potentially including the creative disciplines. Furthermore, if a school is ambitious in the creative field, it can also apply to the Danish Art Council to work with a visiting artist or to have a work of art donated to the school, sometimes even with an artist collaborating with them while this piece is being produced.

Of course, Louisiana as an art institution applauds such initiatives, but we find that it will hardly be enough to get more children into art. For that, we believe a sustained and strong framework of engagement with art is required rather than a week with a creative project, a visiting artist or a random visit to an art museum. One of our important goals is therefore to provide teachers with inspiring examples of collaborations and convincing arguments of why learning about and through art has

Figure 2: School group making frottages in Louisiana Sculpturepark. Photo: Lola Maria Røhnde

powerful potential. We are working impatiently on this agenda, and we are still far from solving the lack of focus on art in Danish schools. But we do seem to be moving in the right direction if we look at the number of long-term collaborations and networks being built around Louisiana.

3. What research tells us about learning through art

Returning to the subject of the powerful potential benefits of learning through art, we present teachers with research such as longitudinal studies from much-admired Finland, where Lea Pulkkinen, professor of psychology at the University of Jyväskylä, found that schoolkids become more motivated and achieve better academic results overall when art or music are an integral part of their school days and more hours are devoted to these subjects (Pulkkinen, 2003). Similarly, Shirley Brice Heath, an American professor of anthropology and English literature and drama at Stanford University, has studied the impact of after-school activities on the achievement of schoolchildren from unprivileged communities. To her surprise, volunteer work, sports and the Scouts had a positive impact in terms of health and social engagement, but in terms of academic achievement, the kids who were engaged in art developed a more complex language, an ability to make hypotheses and experiments, as well as personal motivation – all key to academic achievement. The arts seemed to trigger a growing awareness (Brice Heath, 1999). Trying to answer the question of why this happens later led her to neurology, a field where Danish neurologist Kjeld Fredens takes his point of departure. Fredens argues from a neurological perspective that the arts should be seen as vital to the learning process. He addresses the question of how we remember what we learn, explaining that our memory builds on a combination of understanding, experience and doing – thus linking conceptual, perceptual and experiential knowledge (Fredens, 2012). In his view, the traditional Danish school system places too strong an emphasis on learning by reading or talking rather than sensing or doing, thus stressing conceptual knowledge rather than perceptual or experiential knowledge. According to Fredens, this way of learning is neither deep nor long-lasting, nor is our readiness to transfer our knowledge into new situations when perceptual knowledge or creative skills are ignored. Today, because of digital media, a lack of education or information may no longer be the greatest problem. The challenge is how to learn in meaningful ways, to select what is useful knowledge and to remember it.

Not only can art bring all three forms of knowledge into play (Fredens, 2012), it can also provide a testing ground for our imagination and ability to rethink, as Lene Tanggaard, Danish professor of psychology at Aalborg University, points out. This is not to say that creativity is exclusively linked to the arts, but the arts can serve as a great source of inspiration – revealing how artists work with what they do not know or have not seen, yet produce new models of the world and visions to be shared. Simultaneously, art can help us take a new perspective when we try to enter an artist's work to get closer to an understanding of it. The value of complex thinking by the inherently explorative, experiential and interdisciplinary nature of art is not necessarily well understood in the current school system focused on set goals defined by the curriculum and measured by tests. Nevertheless, it is a way of thinking that is required if we are to find new answers to the major challenges of the day such as the climate and financial crises, migration and demographical challenges (Tanggaard, 2016).

Figure 3: TATE Turbine workshop with artist Albert Potrony on the beach. Photo: Albert Potrony

4. Making more teachers see art as a valuable perspective

'Teach the teachers' is the ambition of an all-day programme called Days of Inspiration that has been held twice a year since 2014. Here we offer presentations by relevant researchers as well as hands-on learning opportunities in the form of visits to current exhibitions with our team and workshops with invited artists, architects and designers. Equally important is structuring the days in such a way that the teachers can network and learn from one another by giving presentations on their own projects integrating art in their teaching. The overall aim is to inspire them to see art as a natural perspective that can enrich their teaching, whether they are teaching art classes, history, social or natural science, maths or languages. At these Days of Inspiration and on other occasions, we present ongoing collaborations which we find give our young visitors a chance to engage with art at a deeper level than they would on the odd day out on a school trip. The following examples should indicate some of the ways we try to do this.

A recent project in autumn 2015 was a new programme on architecture with 150 youngsters from local schools aged 13 and 14. They visited Louisiana over a two-month period to develop a language of and sensitivity towards architecture and their own environment. Between their visits to the museum (which led to a digital exhibition halfway through the programme and a physical one at the end), they had two professional architects working with them at their own school. This is a cross-curriculum project involving not only art but also Danish, social science, history, maths and geography, and the work took place between the workshops with us and the architects. Together with us at Louisiana and the two architects, the pupils gradually expanded their scope from a single architectural work – the architecture of Louisiana – to the buildings and urban spaces in their local area by taking field trips, observing, interviewing, measuring, and building a number of models on various scales and in various media. At the end of the programme, their exhibition, with proposals and observations, was presented to Louisiana's visitors, and local politicians were invited. Their ideas for changes and improvements thus reached a broader audience.

Another collaboration is called Art Exchange. This collaboration was initiated by Tate (London), which in 2009 invited us to join its international learning programme, then known by the name *Turbine Generation.* Basically, it enables schools to work with an international artist for a full day – in our case at Louisiana – and then to continue the work online via a digital platform hosted by Tate and thus conduct exchanges with other students from around the world by uploading visual projects and comments. This digital dimension of the project in our view still needs to be resolved, but the idea of thinking beyond your own locality and extending the space of learning are definitely worth further exploration. It brings an international perspective, which enhances awareness of language and culture through the exploration of art. The focus of the physical workshops tends to be on performance, film and photography. In spring 2015, following a half-year of collaboration, one group of Danish gymnasium students made it to London for the opening of an exhibition on the Art Exchange project at Tate, where their film piece – a democracy game – was presented as a product of three on-site workshops at Louisiana and followed by work back in their classroom between the visits.

A third and very different project is a long-term collaboration with Red Cross schools that Louisiana has been running since 2006. Here, young asylum-seekers are offered free workshops at Louisiana for a period of three weeks. Longer periods are unrealistic because the flow through the Red Cross centres is much higher today than when the project started. All the activities are related to the collections and current exhibitions, but making rather than talking is essential to this project because the language the participants have in common is often limited. For this reason and a number of others, this has been one the most challenging projects we have done. The asylums centres are constantly being restructured, their addresses change, their teachers are replaced, and sometime the kids and youngsters need to visit the dentist, psychologist or doctor rather than attend the programme. Nevertheless, the time they actually do spend at the museum proves extremely encouraging because it seems as though the space that art can offer enables them to find fleeting moments of peace and ways of connecting to their own dreams, feelings and thoughts and to share them with other fellow students. Their work is brought back and exhibited at their schools at the end, but some of the participants – a couple of Afghan boys – also built dragons decorated with flying artwork that filled the sky over Louisiana. And in autumn 2015, the museum park became the home of their colourful dream palaces, where other visitors were invited to leave a photo of their smile as a building component.

None of the three collaborations described above is a "recipe" for large number of visitors such as the open activities in Louisiana Children's Wing or our other learning programmes linked to the current exhibitions. Yet as prototypes, they all have elements that in my view point in the right direction if greater interest is to be encouraged and more children are to learn through and about art – demonstrating how art can be much more than pleasant conversations about art, cute exhibitions for the parents, introductions to colour circles and forced visual analysis. These elements could be summarised as relationships, exposure, commitment and power of possibilities.

5. Social relations and self-consciousness

What we see happening in the three projects is an extensive connecting and sharing while making and exploring art together. So art offers children a social space where their relationships can develop when informed by new conversions and knowledge about one another, not to mention through the challenge of collaborating. And they experience their own potential to communicate and affect others – to bring pleasure, provocation and propositions – while using strategies inspired by artists often strange to them. How to display their endeavours and to stress that something is at stake? It might be through an exhibition, which was part of both the Art Exchange and Red Cross projects, or it could be a proposal to local politicians working on local planning such as in the project on architecture. Others forms could be equally interesting, for example a temporary piece for a public space, a performance, a screening or a concert with strong visual elements. In short, it is crucial to establish a framework so that their creations and their voices matter! Finally, it is important to ensure that everybody experiences the power of possibilities that art can offer: the pleasure of combining visual worlds, of exploring various colours and materials, of testing safe or unsafe ideas, or of watching how others do it. This gives a strong sense of freedom, just as it no doubt opens up the language of art. To return to the analogy of the skateboard ramp mentioned in the beginning, the challenge is how to lay the ground for this visual skateboard ramp: Where can you watch the cool guys? When can you show off yourself? Who will teach of you some tricks? And are you willing to train? Commitment is needed – and time.

My opening question was: What would make more children and young people get into art? A couple of answers have been suggested, but is there any reason to worry when they already find themselves part of a heavily visual culture and virtually eat images for breakfast? My answer would be no, but let's serve them images that will keep them going for a long time! Let them learn 'how to study the ingredients, how to cook and ask for many flavours'. And as pointed out, with the current educational system art museums and art institutions have a crucial role to play when it comes to creating a welcoming, generous and engaging

Figure 4: Learning to visualise and imagine posibillities from Olafur Eliasson's Model Room, 2003. Photo: Sune Berg

framework for children and young people – either in the company of their families, friends, or with their schools.

References

Brice Heath, Shirley (1999). "Imaginative Actuality: Learning in the Arts during the Nonschool Hours", in *Champions of Change: The Impact of the Arts on Learning.*

Fredens, Kjeld (2012). *Mennesket i hjernen*. Hans Reitzels Forlag.

Pulkkinen, Lea (2004). "The Integrated School Day – improving the educational offering of schools in Finland", *European Psychologist*, vol. 9(3).

Rasmussen, Tina (2013). "Interview med Kjeld Fredens – eleverne skal lære at skabe viden", *Gymnasiebladet*.

Tanggaard, Lene (2016). "Kreativitet er noget der kan læres!" in Brug Kunsten, Louisiana Learning.

Laura Heeg

Museen im Spagat zwischen Bildungsauftrag und Entertainment

> „Ich liebe Museen nicht sonderlich. Es gibt viele, die man bewundern kann, es gibt aber keines, das einem Wonnen schenkte. Was an Vorstellungen über Ein- und Zuordnung, Erhaltung und Nutzen für die Allgemeinheit umläuft, ist richtig und einleuchtend, hat aber mit der Spendung von Wonnen wenig zutun." (Valéry 1958).

So beginnt der Dichter und Kunstkritiker Paul Valéry seinen Beitrag „Das Problem der Museen" und lässt auch im Folgenden kein gutes Haar an der Institution Museum. Man dürfe die Objekte nicht anfassen, die Atmosphäre sei sakral, er fühle sich verloren in den langen Gängen, von der Anzahl der Kunstwerke überwältigt, ja überfordert. Gleichzeitig langweile er sich und das schöne Wetter draußen sei für ihn verlockender. Er kommt mit dem Mangel an Wissen über die ausgestellten Gegenstände und der für ihn daraus resultierenden Oberflächlichkeit nicht zurecht, lehnt gleichzeitig aber die Informationen über die ausgestellte Kunst ab, da die Vertiefung des Wissens die Wirkung dieser in den Hintergrund dränge.

Wir erfahren nicht, welches Museum Valéry besuchte, auch nicht wie die Kunst dort genau präsentiert wurde und welche Möglichkeiten der Wissensvermittlung ihm zur Verfügung gestanden hätten. Wir können wohl aber annehmen, dass sich die Institution Museum heute *per se* deutlich von jener der ersten Hälfte des 20. Jahrhunderts unterscheidet – zumindest in der überwiegenden Mehrheit. Dies nicht zuletzt auch durch die in den 1970er Jahren einsetzende Bildungs- und Vermittlungsarbeit, deren Bedeutung seitdem gewachsen ist und dazu führte, dass die Museumsbesucher/-innen als Nicht-Fachleute und interessierte Laien mit ihren Bedürfnissen verstärkt in den Blick der Museumsmacher/-innen gerückt wurde. Mittlerweile ist die Vermittlungsarbeit ganz selbstverständlich Teil der etablierten Museen und ihre Bedeutung wird von den Branchen-Dachverbänden deutlich formuliert:

> „A museum is a non-profit, permanent institution in the service of society and its development, open to the public, which acquires, conserves, researches, communicates and exhibits the tangible and intangible heritage of humanity and its environment for purposes of education, study and enjoyment." (ICOM 2007, 2)

Soweit die Begriffserläuterung „Museum", wie sie vom International Council of Museums (ICOM) in dessen „Code of Ethics" aufgeführt wird. Die Vermittlung des kulturellen Erbes („communicates") wird hier eindeutig als eine Kernaufgabe der Institution Museum gesehen und deutlich vom Akt des Ausstellens unterschieden („exhibits"). Als Zwecke und Ziele der Kernaufgaben, also auch des Vermittelns, werden „Bildung, Studium und Genuss" genannt. Der Deutsche Museumsbund betont den „Bildungsauftrag als zukunftsweisende Aufgabe der Museen", die „allen gesellschaftlichen Schichten den Zugang und somit die Teilhabe am kulturellen Erbe zu ermöglichen" haben. (Museumsbund 2008, 6). Diese Formulierungen sind Richtlinien, die von Museumsorganisationen an Museumsschaffende und Museumsträger empfohlen werden. Gleichzeitig wird betont, dass die Vermittlungsaufgabe in unterhaltsamer Weise umgesetzt werden solle.

Was genau aber bedeutet „dem Besucher Wonnen schenken" oder das Bereiten von „Genuss" innerhalb der Museumsarbeit, was bedeutet es speziell für die Vermittlung? Ist dieser Begriff überhaupt für die Beschäftigung mit der gesamten Bandbreite der Kunst angemessen? Oder wäre es treffender von „Befriedigung" und „Unterhaltung" zu sprechen, die die Auseinandersetzung mit Kunst bei den Besucher/-innen auslösen sollen? Ungeachtet der Begrifflichkeiten lässt sich feststellen, dass der Museumsbesuch für die meisten Besucher/-innen Teil der Freizeitgestaltung ist. Sieht man einmal von verpflichtenden Veranstaltungen wie beispielsweise Firmenführungen oder Schulklassenbesuchen ab, so begibt sich die Mehrheit der Besucher/-innen aus freien Stücken und angetrieben vom persönlichen Interesse ins Museum und zahlt – wie auch bei Besuchen von Sportveranstaltungen, Kinofilmen, Themenparks oder anderen Freizeitvergnügungen – Eintritt für diesen Besuch. Ist die Zugehörigkeit zur Freizeitgestaltung bereits Unterhaltung genug? Wie weit soll und wie weit darf das Entertainment an den Besucher/-innen überhaupt gehen? Mit der Zunahme von Art-After-Work-Veranstaltungen, Museumspartys, Dinner-Angeboten oder Museumsnächten – alles

Veranstaltungen, die auf eine breite Besucherschicht zugeschnitten sind und zu denen große Besuchermengen erwartet werden; nicht zuletzt um den teilweise hohen Organisations- und Kostenaufwand im Vorfeld zu rechtfertigen – müssen sich Museen der Kritik stellen, sie beförderten eine Eventkultur, die ihnen als Bildungsinstitutionen nicht gut zu Gesicht stünde. Der Vorwurf lautet, dass bei dieser Art von Veranstaltungen die Vermittlung der Inhalte zugunsten des Spektakels in den Hintergrund gedrängt würde und es letztlich nur Werbemaßnahmen seien, die unter dem Deckmantel der Vermittlung abgehalten würden. Hier stehen sich vermeintlich Hochkultur und Breitenunterhaltung unversöhnlich gegenüber. Dass aber gerade diese beiden Pole nicht nur koexistieren können, sondern auch sollen und dies historisch schon immer getan haben – trotz der ebenso lange bestehenden Vorbehalte gegenüber dem Spektakel – darauf verweist Joachim Kallinich in seinem Beitrag „Das Museum als Ort der Unterhaltung" von 2004 (Kallinich 2004, 71–73). Ebenso betont er die Notwendigkeit des Spektakels, da Unterhaltung „ein (lebens-) notwendiges menschliches Bedürfnis" sei, mit der Funktion des Schwellenabbaus (Kallinich 2004, 72). Die Angst der Trivialisierung von Kulturinhalten sei daher unnötig. Zudem wandelt sich gesamtgesellschaftlich zunehmend das Verständnis von Lernen und der praktizierten Vermittlung – dies wird nicht nur in der Museums- sondern beispielsweise auch in der Schulpädagogik sichtbar. Der Beförderung der Lust am Lernen wird ein immer höherer Stellenwert beigemessen. Die Erwartungen der Vermittlungsempfänger gehen dadurch automatisch stärker von einer Verknüpfung fundierter Inhalte mit unterhaltender Form aus.

Natürlich kann das Event neben dem Schwellenabbau auch der Attraktivitätssteigerung der Museen dienen und dies kann für die Museumsträger von großer Bedeutung sein. Die Einnahmen durch Eintrittsgelder, Katalogverkäufe und ähnlichem reichen – wie allgemein bekannt ist – nicht zur Gegenfinanzierung des Museumsbetriebs und die Lücke wird von der öffentlichen Hand gedeckt. Die Mehrheit der Museen in Deutschland, nämlich 53 %, befand sich 2013 in öffentlicher Trägerschaft und wird von deren Geldern finanziert. Auch viele der privaten Museen erhalten Fördermittel aus öffentlichen Töpfen, existieren also von Steuergeldern – so die jüngste Statistik des Deutschen Museumsbundes von 2013, an deren Erhebung sich 3.542 Museen beteiligt haben (Gesamterhebung 2014, 3). Kunstmuseen gehören mit 16,9 % aller Museumsbesuche zu den zweitmeist frequentierten Museumsarten, noch knapp vor den ‚naturwissenschaftlichen und technischen Museen' mit 16,5 % und nur durch die Gruppe der ‚historischen und archäologischen Museen' übertroffen, die mit 18,8 % an der Spitze stehen (Gesamterhebung 2014, 23). Diese Förderung durch Bund und Länder geschieht wiederum, weil sich Politik und Museumsmacher/-innen im Konsens darüber befinden, dass „Museen Orte lebenslangen Lernens für Jung und Alt" sind, „auch Orte des Erlebens, der Freizeit und der interkulturellen Begegnung" (Kunz-Ott 2004, 2). Sie ermöglichen die Auseinandersetzung mit Vergangenheit und Gegenwart, stiften kulturelle Identität und regen durch die Auseinandersetzung mit originalen (Kunst-) Objekten „kreatives, innovatives und sozial verantwortliches Handeln" an (Kunz-Ott 2004, 1), das weit über den Bereich der Kunst und Kultur hinausreicht und ganz selbstverständlich im Alltag Anwendung findet. Gerade weil die meisten Besucher/-innen nicht ‚vom Fach' sind, greifen sie gerne auf die Vermittlungsangebote der Museen zurück, die sich an genau diesen Bedürfnissen der Besucher/-innen orientieren. Hier kommt das Museum als Erfahrungsraum ins Spiel. Die Teilnahme an solchen Angeboten ist den Besucher/-innen selbstverständlich in den meisten Museen freigestellt.

Der Stuttgarter Kunstwissenschafts-Professor Wolfgang Ullrich scheint dies nicht so zu sehen. In seinem Artikel „Stoppt die Banalisierung", der 2015 im Feuilleton der Frankfurter Allgemeinen Zeitung erschien, kritisiert er, dass seitens der übermächtigen Kunstvermittler/-innen „[...] niemand, wirklich niemand [...] von der Beschäftigung mit Kunst ausgeschlossen werden [soll]" und vergleicht pauschal die museumspädagogischen Mitarbeiter/-innen mit christlichen Missionaren (Ullrich 2015). Des Weiteren stört er sich daran, dass in der musealen Kunstvermittlung zu sehr auf den Besucher/-innen in seiner intellektuellen Bandbreite eingegangen würde und damit komplexe künstlerische Inhalte verkürzt dargestellt würden. Dies liege, seiner Ansicht nach, an der Anbiederung der Museen an sozialpolitische Strömungen, von der sich ja schließlich die Staats- und Landesbibliotheken auch fernhalten würden.

Sicherlich kann man über die Qualität der von ihm angeführten Beispiele musealer Kunstvermittlung streiten – es sind Schlaglichter, selektive Momentaufnahmen für einen feuilletonistischen Artikel, keine wissenschaftliche Untersuchung. Schlussendlich stellt Ullrichs Beitrag den Bildungsauftrag von Museen und die Umsetzung desselben in die Praxis in Frage. Kunstmuseen haben jedoch, wie andere Museen auch, der Allgemeinheit zu dienen – auch, weil sie von dieser finanziert werden. Diese Allgemeinheit besteht, wie sich an der Erhebung der Internetnutzung von Museumswebsites durch Besuchergruppen des Instituts für Museumsforschung zeigt, aus Schülern, Kindern und Jugendlichen, zusammen mit Lehrern, des weiteren Familien, Touristen und nicht spezifizierbare Einzelbesucher/-innen. Der Anteil der Wissenschaftler/-innen und des Fachpublikums sei verschwindend gering (Gesamterhebung 2014, 62).

Wenn der museale Bildungsauftrag nicht auf möglichst viele Gesellschaftsschichten erstreckt würde, wozu würden denn die Kulturschätze, die der Zerstörung im Sturm der Jahrhunderte entgangen sind, gesammelt, bewahrt und erforscht? Sicherlich nicht nur für eine kleine gesellschaftliche Elite, sondern für jede/n, der/die sich für sie interessiert! Die Interessierten sind glücklicherweise nicht wenige und ihre Zahl ist steigend. Im Jahr 2010 stellte Christine Dössel fest, dass in den zurückliegenden Jahren die Museumsbesuche stetig anstiegen und die der Kino- und Theaterbesuche deutlich übertraf. Waren es 2006 noch gut 103 Millionen (Dössel 2010), so beläuft sich die Gesamtzahl der für 2013 in Deutschland erhobenen Museumsbesuche auf mehr als 110 Millionen (Gesamterhebung 2014, 3).

Im Zeitalter der digitalen Revolution, die langfristig auch stark in das Freizeitverhalten der Menschen eingreift, kommt dem Vergnügen des Individuums ein immer höherer Stellenwert zu (vgl. Statistia Internet 2014 und Statistia Handy 2014). Die wachsende Verbreitung mobiler Endgeräte und das durch sie veränderte Kommunikationsverhalten der User demokratisieren weiter den Zugang zu und die Auswahl von Wissen – jederzeit und überall. Damit sind für den User Vermittlung und Vergnügen theoretisch jederzeit omnipräsent und liegen zudem buchstäblich in seiner Hand. Genau dies wird zur großen Herausforderung für museale Institutionen werden. Martin Schuster formulierte 2006, dass das Museum mit Bildung verbunden sei und von Gebildeten zu Gebildeten spräche (Ameln-Haffke/Schuster 2006, 31). Aktuell, im Jahr 2015 hängt der Bildung landläufig noch immer vor allem der Ruf an, ‚spaßbefreit' oder gar ‚elitär' zu sein. Diesen Eindruck gilt es seitens der Museen weiter aufzubrechen, wenn sich das Museum, speziell das

Kunstmuseum, weiterhin als Ort für alle Bevölkerungsgruppen und -schichten verstanden wissen will. Museen haben kein Monopol auf Wissensvermittlung und werden in Zukunft mit starker Konkurrenz in unterschiedlicher Form rechnen müssen, die oft auch – gerade weil kommerziell orientiert – über weitaus potentere finanzielle Möglichkeiten verfügt. Ein Beispiel hierfür ist die Computerspiel-Reihe Assassins Creed (Ubisoft Montreal), die bei der Entwicklung eines jeden neuen ‚Action Adventures' mit hohem finanziellen und technischem Aufwand pro Spiel eine andere Epoche der Weltgeschichte zum Schauplatz macht und den Protagonisten des Spiels – zwar mit einigen Freiheiten – glaubwürdig in den jeweiligen historischen Rahmen einflicht (vgl. Ubisoft Website).

Unter diesen Voraussetzungen gilt es für die Museen mit ihren Pfunden zu wuchern. Sie zeigen noch immer die originalen Kunstwerke und bislang gibt es trotz aller Weiterentwicklungen im digitalen Bereich noch keine technische Möglichkeit den Eindruck, die Aura des Originals zu reproduzieren. Damit hängt auch die Erfahrung des Werkes in den Museumsräumlichkeiten zusammen; eine Umgebung, die den Besucher/-innen erst einmal nicht vertraut ist. Museale Institutionen können nicht nur über die Zugänge zu den (ihnen anvertrauten) Kunstschätzen bestimmen, sie verfügen auch über fundiertes Wissen, in allen Aspekten. Wichtig ist, dass die Museen sich der Attraktivität ihres Vermittlungspotentials und ihrer Angebote bewusst werden oder bleiben und nicht aufhören, diese zu pflegen und weiterzuentwickeln – in welche Richtung auch immer. Dies kann beispielsweise eine App sein, wie der „Muybridgizer" der Tate Britain anlässlich der Ausstellung „Edward Muybridge" (8. Sept. 2010 bis 16. Jan. 2011), der den Besucher/-innen mit dem Smartphone die Arbeitsweise des Künstlers und die Wirkung seiner Arbeiten nachvollziehen lässt (Tate 2010), oder aber etwas ganz anderes, an das bisher noch niemand gedacht hat. Natürlich sollen die Museen sich nicht verbiegen oder gar ihre Identität verleugnen, aber sie dürfen auch nicht den Anschluss an die Lebenswelt ihrer Besucher/-innen aus den Augen verlieren und müssen mit der Zeit gehen.

Für unsere Branche ist also auch in Zukunft Kreativität bei Planung, Entwicklung und Realisierung neuer Ideen gefragt – aber diese ist ja bekannter Weise eine unserer Kernkompetenzen!

Literatur

Dössel, Christine (2010). Guck mal, wer da guckt. In: Süddeutsche Zeitung, 17. Mai 2010. Online: www.sueddeutsche.de/kultur/kulturstudie-guck-mal-wer-da-guckt-1.593497 (24. Juli 2015, 22:15 Uhr).

Staatliche Museen zu Berlin – Preußischer Kulturbesitz. Institut für Museumsforschung (Hg.). Statistische Gesamterhebung an den Museen der Bundesrepublik Deutschland für das Jahr 2013. Heft 68, München 2014. Online: www.museumsbund.de/fileadmin/geschaefts/presse_u_kurzmitteilungen/2014/SMB_IfM_Materialien_Heft_68.pdf (26. Juli 2015, 22:03 Uhr).

International Council of Museums (ICOM): Statutes. Approved in Vienna (Austria) August 24, 2007. Online: www.icom.museum/fileadmin/user_upload/pdf/Statuts/statutes_eng.pdf (26. Juli 2015, 19:02 Uhr).

Kallinich, Joachim (2004). Das Museum als Ort der Unterhaltung. In: Beatrix Commandeur und Dorothee Dennert (Hgg): Event zieht – Inhalt bindet. Besucherorientierung von Museen auf neuen Wegen, S. 71–81. Bielefeld.

Kunz-Ott Hannelore, Kindler, Gabriele, Lefarth, Ute & Stephan, Ralph (2004). Zum Bildungsauftrag der Museen. Stellungnahme des Bundesverband Museumspädagogik e. V. München. Online: http://www.museumspaedagogik.org/fileadmin/user_upload/bund/PDF/2_9_4_KMK2004.PDF (26. Juli 2015, 18 Uhr).

Deutscher Museumsbund e. V. und Bundesverband Museumspädagogik e. V. in Zusammenarbeit mit dem Österreichischen Verband der KulturvermittlerInnen im Museums- und Ausstellungswesen und Mediamus – Schweizerischer Verband der Fachleute für Bildung und Vermittlung im Museum (Hgg.) (2008). Qualitätskriterien für Museen: Bildungs- und Vermittlungsarbeit. Berlin.

Ameln-Haffke, Hildegard & Schuster, Martin (Hgg.) (2006). Museumspsychologie. Erleben im Kunstmuseum, Göttingen.

Statista Handy (2014). www.statista.com/statistik/daten/studie/1104/umfrage/smartphone-nutzung-durch-kinder-und-jugendliche-nach-altersgruppen/(26. Juli 2015, 00:33 Uhr).

Statista Internet (2014). www.statista.com/statistik/daten/studie/13070/umfrage/entwicklung-der-internetnutzung-in-deutschland-seit-2001/ (26. Juli 2015, 00:40 Uhr).

Tate (2010). www.tate.org.uk/context-comment/apps/muybridgizer (25. Juli 2013, 11:52 Uhr).

Ubisoft Website. https://www.ubisoft.com/de-DE/(27. Juli 2015, 00:14 Uhr).

Ullrich, Wolfgang (2015). Stoppt die Banalisierung. In: Die Zeit, 2015 (13). Online: www.zeit.de/2015/13/kunst-vermittlung-museum (26. Juli 2015, 22:04 Uhr).

Valéry, Paul (1958). Das Problem der Museen. Vorabdruck. In: Die Zeit, 1958 (51). Online: www.zeit.de/1958/51/das-problem-der-museen (26. Juli 2015, 21:19 Uhr).

Sabine Sutter

„Auch mal eine dicke Lippe riskieren"

Eine Handlungsoption in Vermittlungssituationen

‚Touché' – Der Punkt geht an dich! Der oder die ‚Getroffene' markiert von sich aus den Treffer und honoriert somit die Gelungenheit der Argumentation des Gegenübers. Für einen Moment kommt das Wortgefecht zum Stillstand. Es entsteht eine Spannung zwischen Treffer und der Frage nach dem Anschluss, dem nächsten ‚Schlag'. Welche Seite in welcher Art und Weise und Form anschließt ist offen, nicht vorhersehbar, aber entscheidend. Um Gewinnen geht es erst mal nicht.

Exemplarisch und von der konkreten Vermittlungssituation ausgehend,[1] nimmt der folgende Text drei solcher Momente zwischen Angriff und Anschluss mit Kindern und Jugendlichen im Museum in den Blick. Im Fokus steht jeweils der erste Wortwechsel, bestehend aus der ersten Setzung, dem allerersten Satz und dem Anschluss, der Reaktion oder Antwort, die darauf folgt.

„Da hätte ich ja auch in den Baumarkt gehen können", so lautet einer dieser ersten Sätze.

Abwehr? Verweigerung? Ob da jemand keine Lust hat!? – Im ersten Moment ist möglicherweise auch der/die Vermittler/-in vor den Kopf gestoßen, zumindest irritiert und in Versuchung, über die Aggression zwischen den Zeilen hinwegzugehen und das „eigentliche" Gespräch über Kunst[2] zu forcieren. Ich vermute: Ein anderer Ansatz mit solchen Äußerungen umzugehen setzt eine andere Deutung voraus. Wie kann man nun zu anderen Deutungen kommen? Für Kunstvermittler/-innen am Museum aber auch für Vermittlungssituationen im Kontext Schule könnten Fragen wie diese und folgende zu stellen interessant sein: Wie kann Aggression kommunikativ gewendet und als ästhetisches Wissenspotential genutzt werden? Was braucht es, damit Aggression das gemeinsame Denken nicht zerschießt sondern dynamisiert? Der Text geht diesen Fragen nach und beginnt bei den Äußerungen der Kinder und Jugendlichen. Diese werden auf ihre Deutungsmöglichkeiten hin befragt. Ich wage folgende Behauptung: Die Betreffenden haben für sich bereits einen ersten Zugang gefunden. In dem, was als Aggression zu

Tage tritt, zeigt sich etwas von der Kunst und zeigen die Betreffenden etwas von sich selbst.[3]

Exemplarisch: Drei Situationen im Museum, drei Sätze mit Schlagkraft

‚Schlagkraft' hat sowohl mit Überzeugung als auch mit Überraschung zu tun.[4]

- Situation 1: „Da hätte ich ja auch in den Baumarkt gehen können …" Ein Schüler (S1) schleudert diesen Satz noch vor der Begrüßung in die Runde. Er befindet sich in diesem Moment im Museum für Moderne Kunst in Frankfurt, in der zentralen Halle. Mit ihm vor Ort sind seine Klasse, eine Vermittlerin und die Arbeit *outdoor-yellow 13*, 2005/2011 von Michael Beutler.
- Situation 2: „Ist das jetzt auch Kunst?" [Lachen in der Runde] Ein Schüler (S2) wendet sich mit Blick auf einen gewöhnlichen Stuhl[5] an die Vermittlerin. Gegenüber findet sich die Arbeit *Bedroom Ensemble, Replica I*[6], 1969 von Claes Oldenburg.[7]
- Situation 3: „Wie viele sind das?" Ein Kind stoppt vor der Arbeit *Roter Platz*, 1982/1996 von Thomas Bayrle[8], einer Maggi Flasche aus vielen kleinen Maggi Flaschen. Auch die übrigen Kinder und die Vermittlerin bleiben stehen.

Schlagkraft entsteht hier durch einen Moment der Selbstbehauptung gegenüber der Institution Museum, der künstlerischen Arbeit und der Vermittlerin als Vertreterin dieser Institution. Dies wirkt sich zunächst auf der Ebene der Kommunikation aus: S1 übernimmt mit seinem Kommentar auf fremdem Terrain die Eröffnung der Situation: Eine Begrüßung hat zu diesem Zeitpunkt noch nicht stattgefunden. S2 bestimmt mit seiner Frage den Wechsel des Diskussionsgegenstandes und setzt das nächste Thema. Eben wurde noch über die künstlerische Arbeit „Bedroom Ensemble, Replica I", 1969 von Claes Oldenburg gesprochen, nun steht eine Sitzgelegenheit für das Aufsichtspersonal zur Diskussion. In der dritten Situation wendet sich das Kind im Vorbeigehen der Arbeit von Thomas Bayrle zu und stoppt damit die gesamte Gruppe. Selbstbestimmt und bestimmend greifen die Schüler/-innen bzw. Kinder und Jugendlichen in die Vermittlungssituation ein. Sie preschen vor.[9]

An-greifen und An-nähern

> „Aggression: [lat.] ugs.: A. bezeichnet einen verbalen oder körperlichen Angriff. Psycholog.: A. bezeichnet menschliche Triebe, die auf Selbsterhaltung, Selbsterhöhung (Durchsetzung des Egos) gerichtet sind oder eine Reaktion auf Unterdrückung und Benachteiligung darstellen. Völkerrechtl.: A. bezeichnet den (kriegerischen) Angriff eines Staates auf die territoriale Integrität oder politische Unabhängigkeit eines anderen Staates“[10].

Aggression wird häufig in ihren Erscheinungsweisen tabuisiert. Dabei macht Karl-Josef Pazzini, Kunstpädagoge und Psychoanalytiker, 1996 darauf aufmerksam, dass das Auftauchen von Aggression zur Entstehung von Subjektivität gehört.[11]

„Angriff“ meint dem Wortursprung nach eine Bewegung: ‚anfassen‘ oder ‚nach etwas greifen‘, beinhaltet also auch ein Moment der Annäherung. Sein Gefahrenpotential im Sinne von ‚feindlich entgegentreten‘[12]. erhält der Begriff erst über eine Bedeutungsverschiebung zu ‚mit etwas in Berührung kommen‘.

Im Folgenden betrachte ich die drei Sätze der Kinder und Jugendlichen erneut. Im Fokus steht nun die Bezugnahme auf die künstlerischen Arbeiten. Ich behaupte: Hier hat sich bereits ein Sinngefüge sortiert. In dem, was gesagt wird, zeigt sich etwas von der Struktur der künstlerischen Arbeit und der Standpunkt derjenigen, die darauf Bezug nehmen.

Exemplarisch: Drei Sätze mit Schlagkraft, drei Standpunkte, drei Bezugnahmen

1) „Da hätte ich ja auch in den Baumarkt gehen können ...“

Der Satz des ersten Schülers ist im Konjunktiv II als in der Vergangenheit nicht realisierte Möglichkeitsoption angelegt. Diese Möglichkeit wird erst im Hier und Jetzt der Gegenwart erkannt: *„... da hätte ich ja auch in den Baumarkt gehen können“ da,* unter diesen Umständen *hätte ich:*

ich selbst, meine Person *ja auch*: ebenfalls, genauso wie der Künstler Michael Beutler es getan hat oder *ja auch genauso gut in den Baumarkt gehen können,* anstatt ins Museum. *In den Baumarkt*: um das Material zu besorgen, das der Künstler verwendet hat und um damit zu arbeiten, oder in den Baumarkt anstatt ins Museum, dort kann ich das gleiche sehen, der Baumarkt kostet keinen Eintritt.

Michael Beutler war tatsächlich im Baumarkt. Er benutzt für die Arbeit „outdoor yellow 13", 2005/2009[13] Pecafil[14], ein Universal-Schalmaterial. Pecafil besteht aus einer Stahlmatte mit unterschiedlichen Stabstärken und aufgeschrumpfter Polyethylen Folie und kann bis zu viermal wiederverwendet werden. Es ist als Flachmaterial erhältlich, oder wird gebogen (nach den Vorgaben der Kunden) geliefert. Diesen Zugriff auf das Material adaptiert der Künstler für seine Installation. Beutler biegt das Pecafil mit den sogenannten *‚Mangeln'*[15], von ihm entwickelte mechanische Vorrichtungen. Die ‚Mangeln' sind für den Künstler Werkzeuge der Produktion und werden gleichzeitig, als Bestandteil der Installation mit ausgestellt.

2) „Ist das jetzt auch Kunst?"

Der zweite Schüler überträgt eine Frage, die zu der Arbeit „Bedroom Ensemble, Replica I" von Claes Oldenburg gehörte, auf eine Sitzgelegenheit im Ausstellungsraum (vorausgesetzt man nimmt die Frage als solche ernst). „Ist das jetzt auch Kunst?"

Ist das handelt es sich hier dem Wesen nach um Kunst, *jetzt* die Frage stellt sich jetzt, zu diesem Zeitpunkt, in diesem Augenblick, jetzt im Sinne einer Verwunderung, Verstärkung, tatsächlich, wirklich *auch* Bezug ebenfalls genau wie (Lachen in der Runde) ...

„Das Schlafzimmer ist funktionslos und bewahrt doch seinen Charakter."[16] Diesen Gedanken überträgt der Schüler auf die Sitzgelegenheit im Museum. Ein Stuhl steht frei zugänglich im Raum. Man sieht ihm seine Funktion an, aber ist er immer noch zum Sitzen gedacht?

Claes Oldenburgs Wunsch, den Gegenständen im Raum Autonomie zu verleihen, wird in jedem neu gefundenen Ort oder unbegrenztem Raum neu formuliert [...]."[17]

> „… warum sollte ich überhaupt ‚Kunst‘ schaffen wollen – das ist die Vorstellung, die ich loswerden muss. Angenommen, ich wollte irgendein Ding machen, was würde das Ding sein? Einfach nur ein Ding, ein Gegenstand, der etwas kostet (‚Lebensunterhalt‘). Ein ‚künstlerisches‘ Aussehen und ein ‚künstlerischer‘ Inhalt leiten sich von dem ab, worauf sich das Objekt bezieht, nicht vom Objekt selbst oder von mir. Diese Dinge werden in Galerien ausgestellt, aber das ist nicht der richtige Platz für sie. Ein Laden wäre besser (Laden – Ort voller Gegenstände) […].“[18]

Ob es sich um eine künstlerische Arbeit handelt, wird im Falle der Arbeit von Claes Oldenburg, von der musealen Rahmung beziehungsweise durch die Ausstellungssituation beantwortet.

3) „Wie viele sind das?“

Auch das Kind in Situation drei startet mit einer Frage. Angelegt ist hier bereits ein Modus der Bezugnahme auf das Kunstwerk: das Zählen. Interessant ist das aufgemachte Spannungsfeld: „Wie viele sind das“?

Wie viele (mehrere) sind das (unbestimmte Einzelne, das Ding/Objekt). Wie viele, also mehrere, gefragt wird nach einer Teilgröße, wie viele Einzelne, es könnte sich um Dinge oder Personen oder Figuren handeln, das markiert eine Gesamtheit und die Bezugsgröße von wie viele, das beinhaltet ein Moment des Zeigens (das da im Gegensatz zu diesem hier). Der Sprachduktus ist eher umgangssprachlich. Unter anderem fehlt das Subjekt des Satzes.

Es ist kaum möglich, die Maggiflasche auf ihre Einzelteile zurückzuführen. Die Frage „wie viele sind das“ ist also naheliegend und durchaus berechtigt. Darin scheint auch etwas von der Arbeitsweise Thomas Bayrles auf. Der Künstler sagt dazu selbst im März 1968: „Ich wähle mir ein Zeichen aus (Tasse, Ochse, Schuh z. B.) und reproduziere es fototechnisch so lange bis ich genug zu einem Rasterreport (Größe ca. 70 x 100 cm) habe. Die Teile werden so eng als möglich aneinander montiert – es entsteht ein serielles Raster aus gleichen Gegenständen. […]“[19]

Auch die Werkangaben liefern die Antwort auf die Frage nicht. Thomas Bayrles Arbeit wurde in der klassischen Dimension der Werkangabe vermessen: 160 cm (Höhe) x 110 cm (Breite) x 110 cm (Tiefe)[20]. Aus *wie vielen in Paletten gestapelten Maggi Fläschchen sich die Maggi Flasche*[21] zusammensetzt, wird dort nicht angegeben.

Das Zählen der Fläschchen, der Versuch, die Anzahl einer endlichen Menge von Objekten festzustellen, indem man, angefangen mit 1, nacheinander jedem Objekt die nächste natürliche Zahl zuordnet, bis keine Objekte mehr übrig bleiben, schlägt fehlt.

Das Spiel mit dem Angriff: Zwei Strategievorschläge

In Aggression steckt ein Moment des Annäherns. Auf der Ebene der Kommunikation und auf der Ebene der Inhalte. Aneinandergeraten kann man nur zusammen.

Wie könnte Aggression in und für Vermittlungssituationen kommunikativ gewendet und als ästhetisches Wissenspotential genutzt werden? Was braucht es, damit Aggression das gemeinsame Denken nicht zerschießt sondern dynamisiert?

1. *Aus der Perspektive der Vermittler/-in: Gesagtes auf die Goldwaage legen*[22]

Mit diesem Vorschlag schließe ich an ein Interpretationsprinzip der Objektiven Hermeneutik an: die Wörtlichkeit[23] (Wichtiger Seitengedanke: Es soll aber ausdrücklich nicht darum gehen, als Vermittler/-in in der Situation die Äußerungen der Besucher/-innen mittels der Objektiven Hermeneutik zu analysieren.)[24]

Die Leitfrage könnte sein: Was wird tatsächlich gesagt (im Gegensatz zu: Was ist wohl gemeint oder was meine ich was gesagt wurde) und welche Bedeutungsebenen sind in dem Gesagten enthalten.

In Bildungsprozessen institutioneller Settings wird Aggressivität oft (ausschließlich) als Angriff gewertet und damit von den Lehrenden/ Vermittelnden persönlich genommen und sanktioniert. Mit Pazzini ist „Aggressivität etwas, das in der Konstitution von Subjektivität liegt aber aus der Perspektive des guten Subjektes von außen kommt und an den Rand gedrängt wird."[25] In Vermittlungssituationen könnte ein Bewusstsein für das Prinzip der Wörtlichkeit, eine Differenzierung der Ebenen, die zusammen wirksam sind, erreicht werden. Die Ebene der subjektiven Positionierung in Vermittlungssituationen herauszustellen, erfordert zunächst von der Vermittler/-in von der Aggressivität abstrahieren und sie zulassen zu können.

2. Aus der Perspektive aller Beteiligten: ‚Anlegen‘

Mit diesem Vorschlag schließe ich an eine Verfahrensweise der Figurativen Hermeneutik an: die Parallelprojektion[26]. Grundfigur ist das Vergleichende Sehen: Bilder[27] werden „als symbolische Darstellungen, die immer auch mit Blick auf bereits bestehende Bilddarstellungen erzeugt, gesehen und verstanden“ (Müller, 2012, S. 129) werden, das heißt in Bildnachbarschaften, betrachtet.

Eine Strategie des Anlegens in Vermittlungssituationen könnte darin bestehen, diese Bildnachbarschaften in den Köpfen der Einzelnen aufzurufen, in der Gruppe zu teilen und miteinander zu vernetzen, vielleicht auch gemeinsam zu finden. Der Blick richtet sich dabei möglichst in die Breite, was bedeutet, möglichst viele und unterschiedliche Verknüpfungen zu finden, auch abwegige, weit hergeholte oder unwägbare Zugänge, jeweils ausgehend von dem, was der/die Einzelne sieht und damit zusammen sieht. Entscheidend ist die Unterschiedlichkeit der Perspektiven im Hinblick auf einen gemeinsamen Denkanlass, die künstlerische Arbeit.

Rückschlüsse und Anschlüsse – Perspektivisch gedacht

Wie verändert sich Kommunikation in Vermittlungssituationen, dadurch dass ich Aggression mit aufnehme?

Vermittlung orientiert sich in diesem Fall genauso an den subjektiven Positionierungen wie an den Spieldimensionen der Institution. Die Akteure einer Vermittlungssituation können zu Kompliz/-innen[28] werden und das Ermitteln gemeinsamer Interessen als einen Teil ihrer Begegnung sehen. Was in Vermittlungssituationen verhandelt wird, könnte dann bestimmt werden, vom Weg, den man durch das Museum nimmt. Wo man sich wie lange aufhält oder was sich in den Blick schiebt, während man etwas anderes betrachtet hat, könnte auf die Gespräche einen entscheidenden Einfluss haben. Gleichzeitig bliebe was verhandelt wird auch immer verhandelbar.

Aus der Perspektive der Vermittler/-in stellt sich die Frage wie viel Aufmerksamkeit widme ich Statements, denen keine Frage meinerseits vorausging, warte ich vielleicht sogar darauf, beziehungsweise kann ich sie provozieren und wie gehe ich das an?

Ein Seitengedanke zum Abschluss: Auch Gegenangriffe sind möglich. Selbst ruhig auch mal „eine dicke Lippe riskieren", angriffslustig im besten Sinne sein.

Anmerkungen

1 Die Autorin war von 2008–2013 als freie Vermittlerin am Museum für Moderne Kunst in Frankfurt am Main tätig.

2 Die Rolle der Sprache in der Auseinandersetzung mit Kunst hat sich in den letzten Jahren sowohl in der Kunstvermittlung als auch in der Kunstpädagogik als eigenes Diskursfeld etabliert. Es kann hier noch einmal unterschieden werden in Sprache im Sinne von Sprechen über Kunst (u. a.: Sturm, Eva: Im Engpass der Worte: Sprechen über moderne und zeitgenössische Kunst. Berlin: Reimer, 1996; Kirschenmann, Johannes/ Richter, Christoph/Spinner, Kapar H. (Hg.): Reden über Kunst. München: kopaed, 2011; Grütjen, Jörg: Kunstkommunikation mit der „Bronzefrau Nr. 6". Qualitativ empirische Unterrichtsforschung zum Sprechen über zeitgenössische Kunst am Beispiel einer Plastik von Thomas Schütte. München : kopaed, 2013; Hofmann, Fabian: Pädagogische Kunstkommunikation zwischen Kunst-Aneignung und Kunst-Vermittlung: Fallspezifische empirische Untersuchungen zu zwei Schulklassen und einer Kita-Gruppe in Kunstausstellungen. München: kopaed, 2015) und Sprache im Sinne von Schreiben über Kunst (u. a. Peters, Maria (1997): Was nicht klar gesagt werden kann, davon muss man schreiben. In: D. Grünewald, W. Legler, K. Pazzini (Hgg.) Ästhetische Erfahrung. Perspektiven ästhetischer Rationalität. Velber: Friedrich Verlag, S. 449–459. Peters, Maria (2000): Erschriebene Grenz-Gänge, Wahrnehmung und ihre sprachliche Transformation in der Rezeption von Kunst, In: Was ist Kritik? Fragen an Literatur, Philosophie und digitales Schreiben. Gottlob, Susanne/Jost, Claudia/Elisabeth, Strowick (Hgg.), Lit-Verlag, Hamburg, S. 231–246. bis hin zu Sprache im Sinne von Sprachförderung bzw. Entwicklung von Sprachkompetenz (u. a. Baur, Rupprecht S./Okonska, Dorota/Schäfer, Andrea (2012): Sprache im Farbenrausch. Sprachförderung und Mehrsprachigkeit im Rahmen des Projekts

„Sprache durch Kunst“. In: Decker-Ernst, Yvonne/Oomen Welke, Ingelore (Hgg.) 2012: Deutsch als Zweitsprache. Beiträge zur durchgängigen Sprachbildung. Beiträge aus dem 8. Workshop „Kinder mit Migrationshintergrund“, 2012. Stuttgart: Fillibach bei Klett, S. 249–270)

3 In der Aufmerksamkeit für die Position der Betrachter/-innen im Zusammenhang mit ihrer unterschiedlichen kulturellen und sozialen Herkunft hat sich im Feld der Kunstvermittlung eine zunehmen kritische Praxis entwickelt (u. a. Sternfeld, Nora: „Der Taxispielertrick“, in: Jaschke, Beatrice; Martinz-Turek, Charlotte; Sternfeld, Nora (Hg.): Wer spricht? Autorität und Autorschaft in Ausstellungen, Verein Schnittpunkt, Wien: Turia und Kant 2005, S. 15–32) bis hin zur Kritikalität. (Rogoff, Irit: „‚Schmuggeln‘ eine verkörperte Kritikalität“, in: Buergel, Roger M.; Korpys/Löffler, Rogoff, Irit; Gorczyka, Lukasz; Verwoert, Jan; Dercon, Chris: Mis en scène. Innenansichten aus dem Kunstbetrieb, Vortrag- und Publikationsreihe., Bd. 1, herausgegeben von Silke Boerma, Hannover: Hurricane und Barbie 2007, S. 34–44) Auch die Museums- bzw. Kunstnähe bzw. -ferne findet Berücksichtigung.

4 Vgl.: http://www.duden.de/rechtschreibung/Schlagkraft#Bedeutung2 (19.8.15)

5 Die Sitzgelegenheit ist für die Damen und Herren des Aufsichtspersonals gedacht.

6 http://mmk-frankfurt.de/de/sammlung/werkdetailseite/?werk=1981%2F29[10.07.15]

7 Siehe dazu auch: Sutter, Sabine: Ordnungen in Gesprächen über Kunst In: Heil, Christine/Kolb, Gila/Meyer, Torsten (Hgg.): shift. München 2012, S. 111–112.

8 http://mmk-frankfurt.de/de/sammlung/werkdetailseite/?werk=1997%2F270 [10.07.15]

9 Sie warten nicht bis sie in einem geleiteten Gespräch gefragt werden und ordnen sich in der Situation, entgegen gängiger Konventionen der Kunstbetrachtung, nicht unter. Siehe dazu auch: Wolfgang Ullrich: Vor dem Fürsten. Kunstbetrachtung als Frage der Moral. In ders.: Tiefer hängen. Über den Umgang mit der Kunst. Berlin: Wagenbach 2003, S. 13–32. Ullrich problematisiert die Lenkung der Kunstbetrachtung durch feste Rituale. Da „deren Missachtung auch als moralisches Manko – als Fehltritt – gewertet werden kann, […]“ (ebd. S. 13) Er führt in Bezug auf Arthur Schopenhauer „Vor dem Fürsten“ als Metapher der Konvention moderner Kunstbetrachtung an.

10 http://www.bpb.de/nachschlagen/lexika/politiklexikon/17042/aggression [12.7.15]

11 Vgl.: Pazzini, Karl Josef (1996): Tabu über der Aggressivität. In: Zwischenräume: Jahrbuch für kunst- und kulturpädagogische Innovation. S. 32–40, hier: S. 33.

12 Vgl.: Kluge. Etymologisches Wörterbuch der deutschen Sprache. Berlin/ Boston: De Gruyter 2011, S. 45.

13 http://mmk-frankfurt.de/en/the-collection/werkdetailseite/?werk=2010 %2F44L [18.7.15]

14 http://www.peca.de/peca/produkte/schalungstechnik/pecafil-fundamentbereich.php [18.7.15]

15 Vgl.: Bernasconi, Evelyn (2008): Michael Beutler Architektonischer Lustgewinn. In: „Fusion//Confusion. Die Kunst der Referenz." Museum Folkwang, Verlag für moderne Kunst Nürnberg, S. 32–41 hier: S. 32.

16 Ebd. S. 41

17 Bruggen, Coosje van (1991),: Claes Oldenburg: Nur ein anderer Raum. In: Bruggen, Coosje van: Claes Oldenburg: Nur ein anderer Raum. Frankfurt am Main, Museum für Moderne Kunst, S. 5–44; hier: S. 21.

18 Ebd. S. 25.

19 Bayrle Big Book. Verlag der Buchhandlung Walter König, Köln 1992 S. 2.

20 http://mmk-frankfurt.de/de/sammlung/werkdetailseite/?werk=1997% 2F270

21 Vgl. Werkangaben. ebd.

22 Siehe dazu: Wernet, Andreas: Einführung in der Interpretationstechnik der Objektiven Hermeneutik. Opladen: Leske und Budrich 2000, S. 22–27.

23 „Die wörtliche Interpretation zielt auf latente Sinnschichten der Äußerung, auf diejenigen Bedeutungsdimensionen, die offensichtlich nicht im intentionalen Horizont des Textes stehen und die auch nicht mit den Meinungen, Selbstinterpretationen eines Falls übereinstimmen müssen." Ebd. S. 26.

24 Eine methodisch kontrollierte Interpretation wäre unter Handlungsdruck, aus dem Stehgreif, ohne Protokoll auch gar nicht möglich bzw. sinnvoll.

25 Pazzini, Karl Josef (1996): S. 33.

26 Müller, Michael: Figurative Hermeneutik. Zur methodologischen Konzeption einer Wissenssoziologie des Bildes, 2012. In: sozialer Sinn, Heft 01.2012, S. 129–161. „Im einfachsten Fall meint Parallelprojektion die Erzeugung von Kontrasterfahrungen durch die unmittelbare mediale Zusammenstellung zweier Bilder zu einem Vergleichspaar." (Ebd. S. 151)

27 „Bild" möchte ich hier ausdrücklich nicht im Sinne von Tafelbild sondern in Erweiterung als „Künstlerische Produktion" verstanden wissen.

28 Komplizen finden für ein gemeinsames Ziel oder Anliegen temporär zusammen. Sie handeln erfinderisch, individuell, gleichberechtigt und

gleichzeitig gemeinsam. Gesa Ziemer verortet Komplizenschaft als „mikrogemeinschaftliches Konzept“ (http://www.gesa-ziemer.ch/pdf/komplizenschaft.pdf, S. 9). Weiterführend zu Komplizenschaft siehe auch: Ziemer, Gesa: Komplizenschaft. Neue Perspektiven auf Kollektivität. Bielefeld: transcript 2013.

Literatur

Bayrle Big Book. Verlag der Buchhandlung Walter König: Köln 1992

Bernasconi, Evelyn (2008). Michael Beutler. Architektonischer Lustgewinn. In: „Fusion//Confusion. Die Kunst der Referenz.“ Museum Folkwang, Verlag für moderne Kunst Nürnberg8, S. 32–41.

Bruggen, Coosje van Claes Oldenburg (1991). Nur ein anderer Raum. In: Bruggen, Coosje van: Claes Oldenburg: Nur ein anderer Raum. Frankfurt am Main, Museum für Moderne Kunst, S. 5–44.

Heil, Christine & Sutter, Sabine (2012). Welche Vermittlung braucht aktuelle Kunst? Die Vermittlung nach der die Kunst verlangt. In: Heil, Christine, Kolb, Gila, Meyer, Torsten (Hgg.): shift. München: kopaed, S. 215–219.

Kluge (2011). Etymologisches Wörterbuch der deutschen Sprache. Berlin/Boston: De Gruyter.

Müller, Michael (2012). Figurative Hermeneutik. Zur methodologischen Konzeption einer Wissenssoziologie des Bildes. In: sozialer Sinn, Heft 1/2012, S. 129–161.

Pazzini, Karl Josef (1996). Tabu über der Aggressivität. In: Zwischenräume: Jahrbuch für kunst- und kulturpädagogische Innovation/Gesellschaft für Kunst- und Kulturpädagogik Oldenburg e. V.- Oldenburg: Isensee, S. 32–40.

Sunzi (2009). Die Kunst des Krieges. Frankfurt am Main/Leipzig: Insel.

Sutter, Sabine (2012). Gespräche über Kunst. In: Heil, Christine, Kolb, Gila, Meyer, Torsten (Hgg.), shift. München: Kopie, S. 111–112.

Ullrich, Wolfgang (2003). Tiefer hängen. Über den Umgang mit der Kunst. Berlin: Wagenbach.

Wernet, Andreas (2000). Einführung in die Interpretationstechnik der Objektiven Hermeneutik. Opladen: Leske + Budrich.

Ziemer, Gesa (2013). Komplizenschaft. Neue Perspektiven auf Kollektivität. Bielefeld: Transcript.

Jochen Meister

Eskapaden/Der Ort der Kunstvermittlung/ Bildet Banden!

A.: „Wenn ich ins Museum gehe, freue ich mich über die Ruhe. Ich interessiere mich für Kunst; wenn man eine gewisse gesellschaftliche Position erreicht hat, gehört das dazu. Kunst ist für mich eine echte Leidenschaft, und wenn ich nicht Medizin studiert hätte, wäre Kunstgeschichte mein heimlicher Favorit gewesen. Ich liebe die großen, historischen Zusammenhänge, die in den Werken Alter Meister sichtbar werden, wenn man etwas darüber weiß, oder die Anregungen, die mir die zeitgenössische Kunst gibt. Bei den Alten Meistern muss ich oft daran denken, wie mir mein Großvater beim Museumsbesuch sonntags die berühmtesten Gemälde erklärt hat."

B.: „Entsetzlich langweilig ist es hier. Hoffentlich passiert bald was. Dieses ständige Gequatsche über diese öden Schinken, da habe ich schon vor einer halben Stunde abgeschaltet. Und dann diese nervigen Fragen, was das mit mir zu tun hätte. Gar nix. Null. Na ja, wenigstens haben sie versprochen, dass wir auch selber was machen dürfen. Ich kann ja toll zeichnen, sagen meine Freunde, echte Mangas und so."

C.: „Jetzt bin ich aber froh. Nach der anstrengenden Stadtführung kann ich mich hier hoffentlich ein bisschen ausruhen und mich setzen. Und neugierig bin ich auch, schließlich ist dieses Museum weltbekannt. Unsere Reiseleiterin weiß wirklich eine Menge; ohne sie wäre das alles nur halb so interessant. Sie soll uns die Highlights zeigen, und danach haben wir noch Zeit für einen Kaffee. Ob ich im Museumsshop etwas für unsere Nachbarn finde? Die sind doch so kunstinteressiert. Ich verstehe ja eigentlich nichts davon."

Die drei gerade skizzierten (Stereo-)Typen sind Teile des Organismus Museum. Es sind unsere Besucher/-innen. Zumindest zwei von den dreien haben dafür Eintritt gezahlt; eine/r unterstützt das Museum möglicherweise mit einem Jahresbeitrag für den Förderverein. Und alle drei fallen gleich schwer ins Gewicht, nämlich in der Besuchsstatistik, die eine nackte Zahl liefert, welche manchen Entscheider/-innen als Maß aller Dinge gilt. In der Statistik ist der Enthusiast genau so enthalten wie der Enttäuschte. Der Enthusiast jedoch wird wiederkommen, während der Enttäuschte wahrscheinlich in der nächsten Statistik fehlt.

Ein Museum ohne Besucher/-innen wäre ein Depot; das Publikum ist der Dreh- und Angelpunkt unseres Strebens, wenn es um mehr als Sammeln, Forschen und Bewahren gehen soll. Also kommen wir den Bedürfnissen unserer Besucher/-innen entgegen, richten Cafés ein und eröffnen Museumsshops. Und wir vermitteln die Inhalte der uns anvertrauten Kunst. Die Besucher/-innen möchten die Kunstwerke sehen – und verstehen. Wie jeder Mensch dürfte auch ein/e Museumsbesucher/-in sich freuen, wenn er/sie aus Neugier und Interesse etwas gelernt hat. Leider wird Lernen oft mit Erziehen gleichgesetzt, mit „von oben" definierten Lernzielen, mit Bewertungen des Status, und ist schlimmstenfalls geprägt durch Erlebnisse von Zwang und Leistungsdruck. Die Lust und der Spaß an neuen (Er-)Kenntnissen sind dann oft gehörig verdorben. Die erste Frage, die sich ein/e Kunstvermittler/-in stellen mag, wäre also: Wie wecke ich Neugier und Interesse für ein Thema? Ansonsten mag es passieren, dass der Mensch im Museum bestenfalls vor Ehrfurcht erstarrt, anstelle sich mit Begeisterung anzustecken. Höhepunkt einer erfolgreichen Vermittlung wäre schließlich jenes Wohlgefallen (um einen etwas veralteten, aber schönen, möglicherweise „musealen" Begriff zu wählen), das im Erleben, Erkennen und Verstehen eines Kunstwerks liegen könnte. Dieses mag sich allerdings auch einstellen, wenn durch den Besuch ein hohes Selbstwertgefühl, ein elitärer Status bestätigt werden. Speziell das Kunstmuseum ist nicht nur ein Lernort, sondern auch der Ort kultureller Bestätigung einer gebildeten Elite. Und meist geht es dort um hohe, sehr hohe Sachwerte, auch wenn sich diese nur indirekt in Sicherheitsmaßnahmen oder den Kosten für Leihgaben spiegeln.

Wo befinden wir, die Vermittler/-innen, uns also, wenn wir im Museum sind? Die Frage nach dem Ort der Kunstvermittlung ist metaphorisch und physisch zugleich. Befindet sie sich im Zentrum des Museums? Eher an den Rändern? Oder außerhalb? Gehört sie zum Selbstverständnis Aller, die den Organismus Museum bilden? Oder ist sie eine Eskapade, eine Ausreißerin aus dem Regelbetrieb, ein Abenteuer ohne feste Bindung? Dieser Text fasst Beobachtungen zusammen, die sich aus langer praktischer Arbeit ergeben. Er erhebt keinesfalls den Anspruch einer objektiven Untersuchung, sondern ist eine Momentaufnahme aus der Perspektive eines Museumspraktikers. Bestenfalls kann er zu Reflektionen anregen, für welche das Tagesgeschäft zumeist keine Zeit lässt.

Braucht Vermittlung Kunst?

Alle drei am Anfang geschilderten Typen sind natürlich Klischees, und als solche schon lange bekannt. Für die Kenner/-innen, die Schüler/-innen und die Tourist/-innen gab es schon Kunstvermittlung, als dieser Begriff wahrscheinlich noch gar nicht erfunden war. Mit klassischen Führungen für Erwachsene, häufig durch die hauseigenen, häufiger noch durch freiberufliche Kunsthistoriker/-innen, und mit Museumspädagogik für Kinder, möglichst mit „aktivem", handlungsorientierten Anteil, erfüllen öffentliche Kunstmuseen traditionell ihren Bildungsauftrag. Seit vielen Jahren gibt es daneben auch Angebote, die sich methodisch zwischen beidem bewegen und sich schwer einordnen lassen in die alten Kategorien. Oft sind Künstler/-innen an Konzept und Durchführung beteiligt; sie entwickeln ein Programm selbstständig (was sogar ihre Pflicht ist, wenn sie als freie/r Mitarbeiter/-in beschäftigt sind) und führen es durch. Ein Beispiel ist der Workshop für Erwachsene, der einen Schwerpunkt auf das praktische Erfahren von Inhalten legt, die in bestimmten Werken eine Rolle spielen. Damit werden zumeist Menschen angesprochen, denen es weniger um das kunsthistorische Wissen als um künstlerische Praktiken geht. Oder einfach um ein Erlebnis auf einer anderen als der sprachlichen Ebene, welches das Sichtbare vertiefen und so auf eine intensive Weise an Kunst heranführen kann. Dies birgt jedoch ein Risiko: Vermittelt der Workshop wirklich noch die Kunstwerke des Museums? Oder entwickeln sich autonome Aktionen, die natürlich immer irgendwie mit irgendetwas im Museum in Verbindung gebracht werden können, sich aber bestenfalls als Parabel zu den Kunstwerken verstehen? Ist das schlecht? Das ist nicht die Frage, sondern: Braucht es dazu das Museum, das Original? Manchmal scheint es so, als ob das Kunstwerk bloß ein Stichwort liefert. Es wird kaum als Ergebnis komplexer Zusammenhänge erlebbar. Stattdessen wird ein einzelnes Phänomen, im günstigsten Falle ein zentrales, isoliert. Wenn es dabei bleibt, ist das schade, denn gerade die Komplexität des Originals, neben dem Inhalt auch sein Zustand, seine Geschichte, seine Präsentation an diesem bestimmten Ort, sind die Achse, um die sich alles im Museum – und eigentlich nur hier – drehen kann. Natürlich gibt es dabei Unterschiede, beispielsweise zwischen Alten Meistern und Gegenwartskunst, die klassische Gattungsgrenzen sprengt und ihre Inhalte aus dem Alltag der Besucher/-innen schöpft. Aber auch bei zeitgenössischer Kunst behält das Museum seinen besonderen Charakter, der mit einer „Aura" zu tun hat, die womöglich sogar ganz besonders vom Ort abhängig ist.

Wie nahe muss man einem Kunstwerk kommen, wenn man seine Inhalte vermitteln will? Eignet sich der Workshop dazu besser als die Führung? Führt die Führung näher an ein Werk als der Audioguide oder der Katalogtext (um hier auch nicht-personale, mediale Vermittlungsangebote zu erwähnen)? Wieder ist der Ort sowohl metaphorisch als auch physisch zu verstehen. Nah oder fern zu sein, ist keine Frage des Formats, wenn man die Begriffe auf die geistige Auseinandersetzung bezieht. Schließlich kann auch die klassische Führung direkt vor einem Gemälde sehr weit weg von dem gehen, was Alle in diesem Moment mit eigenen Augen sehen. Ein Katalogtext kann dagegen irgendwo auf der Welt den Inhalten sehr nahe kommen, die sinnliche Begegnung jedoch nicht ersetzen. Wie nahe bin ich beim Kunstwerk? Wenn es um die Inhalte geht, ist diese Frage schwierig und bedarf gründlicher Reflektion der eigenen Möglichkeiten und des eigenen Standpunkts. Physisch ist die Frage einfacher zu beantworten. Wir wollen nahe am Original sein, doch die körperliche Nähe, die ein sinnliches Erleben ermöglicht, bringt starke Einschränkungen der Formate mit sich. Tatsächlich ist das gestalterische Arbeiten, also das Ausprobieren künstlerischer Techniken, in den Ausstellungsräumen nur eingeschränkt möglich, zunächst natürlich aus Gründen der Sicherheit des Objekts, dann aber auch der Infrastruktur. Ein Museumsraum ist kein Atelier. Gestaltende Vermittlung ohne den direkten Kontakt mit dem Werk hat drei Optionen: Sie benutzt Reproduktionen, sie schließt an einen Besuch des Originals an – oder sie geht diesem Besuch voraus. Ein Museum sollte ermöglichen, das Original kennenzulernen, weshalb das Arbeiten mit Abbildungen eine vertane Chance ist. Eine Zeichnung, ein Gemälde, eine Skulptur, ein Objekt, eine Architektur anzuschauen und danach in einem Studio selbst zu werken, dürfte die häufigste Kombination sein. Interessant ist jedoch die dritte Möglichkeit. Wenn eine gestalterische Aufgabe dem Erlebnis eines Kunstwerks vorausgeht, kann diese sehr präzise von Dingen handeln, die auf die Begegnung vorbereiten und den Blick schärfen. Gut eingestimmt auf das, worum es geht, kann ein komplexes Werk auf unterschiedlichen Ebenen besser wahrgenommen werden. Die Achse der Wahrnehmung wäre fest verankert mit dem Werk im Museum und verschöbe sich nicht auf Nachgestaltetes. Darin läge aus meiner Sicht die Kunst der Vermittlung.

Paläste ohne Personal. Der/die Kunstvermittler/-in als Hausmeister/-in

Für gestalterische Programme braucht es eigene Räume. Denn dem Arbeiten vor dem Original sind Grenzen gesetzt, wie beschrieben. Neben dem Sicherheitsaspekt (und den Interessenkonflikten zwischen unterschiedlichen Besucherbedürfnissen) fehlt dem Ausstellungssaal die Infrastruktur des Ateliers. Zugleich fehlen der Infrastruktur vieler Museen leider geeignete Ateliers. So findet man in vielen Einrichtungen umgewidmete Räume, die durch entsprechende Einbauten für die Kunstvermittlung hergerichtet wurden. Diese Räume sind wichtig, denn sie ermöglichen es, genau jene Programme anzubieten, die den Zugang zur Kunst für die Einen erweitern, für die Anderen vielleicht erst ermöglichen. Oft sind sie eher versteckt in der Nähe des Servicebereichs zu finden, bei Garderoben und Toiletten, was praktisch und sinnvoll erscheint, um zum Beispiel lange Wege mit Kindern zu vermeiden. Ein Raum ist jedoch mehr als seine Funktion. Er ist, und das müsste gerade bei Expert/-innen für Ästhetik auf besondere Aufmerksamkeit stoßen, Ausdruck eines Status, er kreiert eine Atmosphäre, er inspiriert oder enttäuscht. Ein Raum ist mehr als Platz für Mensch und Gerät.

Was passiert, wenn der Ort der Kunstvermittlung gar nicht mehr das Museum ist? Das Wunschbild einer gelungenen Vermittlungsarbeit außer Haus stößt in der Praxis schnell an seine Grenzen. Ein eigener Ort für die Kunstvermittlung, welcher nicht in die Infrastruktur des Museums eingebunden ist, benötigt Kapazitäten in allen Bereichen; die Frage der Räume ist unweigerlich gekoppelt an die Frage nach dem Personal. Der schönste Palast nützt wenig, wenn die Kapazitäten für gestalterische Programme darin fehlen, weil Administration und Infrastruktur die Kräfte binden. Gehen wir von den Strukturen aus, dann erscheint es wichtiger, die Arbeit der Kunstvermittlung in den Museumsalltag zu integrieren, als sich in eine Autonomie zu flüchten, die aus den Vermittler/-innen die eigenen Hausmeister/-innen macht. Diese Integration ist allerdings auch deshalb schwierig, weil ein großer Teil der Vermittlungsarbeit von Freiberufler/-innen geleistet wird, was die organisatorische wie auch emotionale Einbindung in den institutionellen Betrieb erschwert, will man sich nicht dem Risiko scheinselbstständiger Arbeitsverhältnisse aussetzen. Doch für eine dauerhafte erfolgreiche Zusammenarbeit führt kein Weg daran vorbei: Die ideale Kunstvermittlung wäre völlig integriert in die Strukturen des Museums, wäre akzeptiert und beachtet von allen anderen Abteilungen. Und schließlich geht es auch um die Wahrnehmung durch Besucher/-innen und – nicht zuletzt – die Kolleg/-innen im eigenen Haus. Schließlich gibt es Kunstvermittlung, die entfernt von den Werken stattfindet, auch außerhalb des Museums, ob in Kinderkunsthäusern oder den Ateliers von Volkshochschulen – und das ist gut so. Ein Museum sollte deshalb die Nähe zu den Objekten als besonderes Merkmal pflegen. Für die Einzigartigkeit von Vermittlung, die sinnlich ganz nahe am Original ist, mag deshalb die Hütte im Untergeschoss im Zweifelsfall besser sein als der Palast über die Straße. Am Wichtigsten dürfte jedoch sein, dass die Infrastruktur stimmt und die Kunstvermittlung Teil des Ganzen ist. Dann wäre immer noch Platz für Eskapaden, die vor diesem Hintergrund und auf einer soliden Basis etwas Ungewöhnliches ausprobieren könnten.

Let´s dance, oder: Kunsttempel vs. Club?

Was tun, wenn in der Gesellschaft das Selbstverständliche eines klassischen Museumsbesuchs zu schwinden scheint? Wie reagieren, wenn scheinbar nur noch Neuheiten und Sensationen die Menschen ins Museum bewegen? Im Wettbewerb um Aufmerksamkeit ist ein Museum, wenn es nicht gerade um die professionell vermarktete Großausstellung geht, eher benachteiligt und bezieht seine Beachtung oft aus touristischer Perspektive, was für kleine Museen in wenig besuchten Regionen fatal sein kann. In den Zentren ist dagegen die Konkurrenz groß, nicht nur zwischen Museen untereinander, sondern zu den vielen weiteren Attraktionen, die um die Freizeit der Menschen werben. Eine Sammlung zeichnet sich zudem dadurch aus, dass sie verlässlich und dauerhaft zur Begegnung mit einer ganz bestimmten Konstellation von Kunstwerken einlädt, sich also von den Objekten her schwer dem Wettbewerb des Neuen stellen kann, sollte nicht gerade diese Verlässlichkeit geopfert werden. Welche Möglichkeiten gibt es, diesen vermeintlichen Nachteil auszugleichen? Eine besteht darin, sich, soweit es möglich ist, den Interessen verschiedener Zielgruppen zu öffnen. Dies erfordert eine Abwägung, denn man möchte schließlich die eigenen Inhalte nicht aufgeben, für die man höchste Kompetenz besitzt. Dazu ist es sehr hilfreich, zum einen die eigenen Interessen zu definieren, zum anderen klare Ziele zu haben. Welche Erwartungen hat man seitens des Museums? Wie können diese mit den Bedürfnissen der Menschen, die man zur Teilhabe einladen möchte, in Einklang gebracht werden?

Bei der Überlegung betreffend Zielgruppen erscheint es logisch, an diejenigen zu denken, die nicht von selbst kommen, die kein oder wenig Interesse zeigen. Insbesondere Jugendliche sind ins Visier vieler Häuser geraten, schließlich erhofft man sich hier ein Besuchspotential für die Zukunft, eine Hoffnung, die auch die meisten Kinderangebote tragen mag. Ein spannender und in der Praxis erprobter Weg führt über eine direkte Beteiligung Derjenigen, die man als Zielgruppe definiert hat. Das wären beispielsweise Menschen, die mit einem „Kunsttempel“ nichts anfangen können, wozu wohl die meisten Jugendlichen gehören, bei denen der persönliche Status über andere Beteiligungen erreicht wird und Neugier auf Kunst sich in Grenzen halten dürfte. Kann das Museum an deren Lebensgefühl teilhaben? Wo lässt sich dieses Lebensgefühl mit den Inhalten des Museums verknüpfen? Warum nicht dieses Lebensgefühl zeitweise ins Museum holen? Das Desinteresse oder gar die Abwehrhaltung vieler Jugendlicher gegenüber Museen ist oft ein Problem der bereits erwähnten unangenehmen Erfahrungen mit „Erziehungsanstalten“, was zu einer scheinbar kompletten Entfremdung mit den Inhalten und deren Präsentation geführt hat. Es ist interessant, zu beobachten, wie es sich verhält, wenn diese Entfremdung durch Beteiligung ersetzt wird. Die Clubnacht im Museum ist dafür ein Beispiel, wenn sie von Jugendlichen selbst entwickelt wird. Dabei gilt es, die eigenen Stärken zu unterstreichen, damit es um mehr als einen exotischen Ort für Partys geht. Neugierde und Leidenschaft beispielsweise stehen im Umgang mit Kunst bei einer solchen Gelegenheit im Vordergrund; man darf streiten und eigene Meinungen äußern. Dann werden Jugendliche zu Partnern, selbst zu Vermittelnden und begeistern ihren Freundeskreis und ihre Bekannten für den Ort. Der Transfer von Faktenwissen ist dabei gar nicht wesentlich. Es geht vor allem um Teilhabe auf der emotionalen Ebene. Und um ein wechselseitiges Geben und Nehmen. Dem Museum kann ein gelegentlicher Imagetransfer gut tun. Allerdings nur unter der Voraussetzung, dass keine falschen Eindrücke entstehen und keine falschen Versprechungen gemacht werden.

Auch bei anderen Aktionen, die das Museum für neue Zielgruppen öffnen, sollten zunächst die eigenen Stärken von allen Entscheider/-innen, besser noch dem ganzen Team analysiert werden. Eine Stärke kann beispielsweise in der Vielfalt des Lernbegriffs liegen, der bloßen Wissenstransfer um emotionale und kommunikative Lernprozesse erweitert. Vermittlung kann dann konkret bedeuten, dass sich Tänzer/-innen im Saal bewegen und Museumsräumen und Bildinhalten körperlich begegnen. Sie nehmen daraus sicher etwas Anderes mit als aus einer Führung. Das muss aber nichts Schlechteres sein. Lernen mit dem ganzen Körper ist vielleicht gerade in unserer Zeit besonders notwendig. Hier kann zudem Interdisziplinarität ansetzen. Darstellende Künste bieten eine Vielzahl von Möglichkeiten, die weder intellektuelle Positionen ausschließen, noch die Auseinandersetzung mit dem Kunstobjekt verhindern. Im Gegenteil: Der aus einem Gemälde abgeleitete Tanzworkshop mag neugierig machen auf Hintergründe und ursprüngliche Bedeutungen der Motive. Bewegung ist nicht nur eine Sache von Emotion, sondern auch von Konzentration, ein gutes Mittel, sich einzustellen auf die Wahrnehmung von Inhalten. Das braucht selbstverständlich erstklassige Vermittler/-innen mit ebenso faktischer wie kommunikativer Kompetenz. Eines passiert dann ganz sicher: Das Museum wird zu einem Ort für unerwartete sinnliche und körperliche Erlebnisse und ermöglicht neue Erfahrungen und Gedanken, die es mit seinem eigenen, besonderen Profil in Netzwerke der kulturellen Bildung einflechten können.

Ein Plädoyer für den Besucherservice

Während die Kunstvermittlung vor Kreativität strotzt, ist der Besucherservice ein in der Regel wenig glanzvolles Geschäft. Hier werden (oft immer die gleichen) Fragen beantwortet, Führungen gebucht, Informationen aufbereitet usw. Mit Museumspädagogik hat dies nichts zu tun. Weshalb also sollte es eine engere Verbindung zur Kunstvermittlung geben? Die Antwort ist einfach: Weil es um die Besuchsperspektive geht. Um nicht falsch verstanden zu werden: Natürlich denkt jede/r Verantwortliche/r, auch der/die Kurator/-in und insbesondere der/die Marketingexpert/-in, an den/die Besucher/-in. Die Ansprechpartner/-innen des Besuchenden im direkten Kontakt sind aber im Besonderen die Vermittler/-innen – und im Allgemeinen der Service. Dort kennt man die Wünsche und Erfahrungen und ist deshalb wichtigste/r Ansprechpartner/-in, wenn es beispielsweise um das Thema Aufenthaltsqualität geht. Dieselbe wird ja nicht nur durch eine kluge Inszenierung von Werken und eine attraktive räumliche Gestaltung erreicht, sondern, und vielleicht vor allem, durch die Menschen, die das Museum machen. Jede/r Besucher/-in dürfte sich wünschen, als Gast, speziell aber als Gegenüber des Kunstwerkes wahr- und ernstgenommen zu werden. Letzteres ist die Voraussetzung für Lernprozesse, die die Kunstvermittler/-innen wie geschildert anregen und begleiten können. Sie werden sich je nach Zielgruppe sehr unterscheiden, immer aber sollten sie positiv erlebt werden.

Für welche Werte steht ein Museum? Es ist ein wunderbares Erlebnis, wenn sich diese auch im menschlichen Umgang an diesem Ort wiederfinden. Wenn das Vermitteln von Kunst über Wissensvermittlung hinausgeht und ein geistiger Raum geschaffen wird, der diese Werte spürbar macht, betrifft das den ganzen Ort und alle Mitarbeiter/-innen. Respekt und Hilfsbereitschaft – aus einem davon geprägten gemeinsamen Leitbild kann eine Kultur erwachsen, die die strukturellen Gräben und Hierarchien einer Institution überwindet und nicht die Vermittlung zum Service erklärt, sondern den Service als Grundlage der Vermittlung begreift.

Jochen Meister

Bildet Banden. Für ein vernetztes Denken im Museum

Individuelle Spitzenleistungen, das kluge Konzept einer Ausstellung, die sensationelle Leihgabe oder ein fantasievolles neues Vermittlungsangebot sind wunderbar. Noch besser aber ist es, wenn diese Leistungen gemeinschaftlich entwickelt und erzielt werden. Ein kluges Konzept gewinnt durch freundliches und hilfsbereites Aufsichtspersonal, die Leihgabe strahlt, wenn die Vermittlung ihr besonderes Augenmerk widmet, und das Vermittlungsangebot ist herausragend, wenn es die Ideen der Ausstellung präzise trifft. Wenn schließlich noch ein attraktives Café und eine gepflegte Umgebung dazukommen, nähern wir uns dem perfekten Museum. Kurator/-innen, Restaurator/-innen, Sicherheitsfachleute, Besucherservice, Marketing, Vermittler/-in – jede Person hat ihren Aufgabe im Organismus Museum, der nur dann fit ist, wenn zwischen seinen lebenswichtigen Organen der Kreislauf gut funktioniert. Dann wird das Objekt zum Erlebnis, nicht nur für uns, sondern auch für kommende Generationen. Hervorragende Leistung ist das Ergebnis von Teamarbeit, die sich auf gemeinsame Ziele und Prioritäten geeinigt hat.

Dazu gehört wie bei allen kommunikativen Prozessen gutes Zuhören und Verstehen. Der/die Vermittler/-in fragt den/die Kurator/-in, welches Ziel er/sie mit seiner/ihrer Präsentation, ob Sonder- oder Dauerausstellung, verfolgt. Diese/r nimmt diese Frage nicht als ein Infrage stellen, sondern als echtes Interesse auf. Der Prozess des Zuhörens beginnt. Der/die Kurator/-in wiederum fragt den/die Vermittler/-in, welche Ziele er/sie mit den Programmen verfolgt, und hört zu. Der/die Restaurator/-in schließlich schlägt die Maßnahmen vor, welche die Sicherheit des Kunstwerks gewährleisteten usw. Es ist einer der schönsten Momente des Berufslebens, wenn man sich auf die besten Lösungen einigen kann, indem man eigene Vorstellungen überdenkt und durch gemeinsam gefundene, bessere Alternativen ersetzt. Langfristig führt ein solches gemeinsames Finden von besseren Wegen zu einer Kultur, die das isolierte Arbeiten mit seinen Begleiterscheinungen wie Blockaden, Durchsetzungszwängen, falscher Begeisterung und (geistiger wie materieller) Energieverschwendung durch unklare Zuständigkeiten hinter sich lässt. Wenn sich diese Kultur durchsetzt, dann entsteht ein Museum der Menschen und Dinge, die sich nicht gegenseitig ausschließen, sondern fruchtbar begegnen. Das Museum mit seinen Aufgaben des Sammelns, Forschens, Bewahrens und Vermittelns ist eigentlich wie geschaffen für ein solches synergetisches Denken. Kompetenzen können sich hier ergänzen. Wissenschaftliches Arbeiten führt zu neuen Erkenntnissen, deren vermittelnde Präsentation Besucher/-innen fasziniert, Kunstvermittlung entwickelt dafür Programme, die Unterhaltung und Bildung verknüpfen, Museumspädagogik bietet Schulen einen einzigartigen Lernort. Und dieses kulturelle Netzwerk im eigenen Haus knüpft an die vielen lokalen und überregionalen Initiativen an, die mit gleicher Absicht an einer menschlichen, zivilen, gebildeten Gesellschaft arbeiten. Dadurch wird die aktuelle Relevanz des Museums sichtbar. Wenn Museen nicht einschüchtern, sondern Neugierde und Interesse wecken und neue Erkenntnisse sich mit Begeisterung für Kunst verbinden, sind wir auf dem richtigen Weg. Das muss nicht unkritisch und naiv geschehen. Schließlich sind Reflektieren und Erkennen durchaus Aspekte positiver Lernerlebnisse. Die große Aufgabe liegt darin, sich nicht zwischen einem elitären Wissensdepot oder einem offenen Lernort entscheiden zu müssen, sondern einen dritten Weg zu gehen, der das Beste beider Welten vereint. Sonst wird Kunstvermittlung nur zur Flucht aus der Realität des Museumsalltags – zur Eskapade.

Christoph Deeg

Gaming und Gamification im Museum

Wann waren Sie zuletzt im Museum? Nun, diese Frage werden Sie wahrscheinlich leicht beantworten können. Vielleicht ist es ein paar Tage oder Wochen her? Da Sie diesen Artikel lesen, werden Sie sich wahrscheinlich auch beruflich mit der Arbeit von Museen befassen. Mit ein bisschen Mut könnte man Sie sogar einen „Museums-Nerd" nennen. Für Sie gehört das Museum zur beruflichen und privaten Lebensrealität. Damit sind aber nicht nur die Werke und das Museum als Gebäude gemeint. Es geht vielmehr um eine individuelle Gesamterfahrung, die auch die Vermittlung, die Kommunikation, die Wahrnehmung, die Vernetzung etc. beinhaltet.

Auf der einen Seite ist dies ein großer Vorteil, denn somit verfügt das Museum über eine Vielzahl an Möglichkeiten, Lebensrealitäten zu schaffen, bzw. die Inhalte des Museums mit der Lebensrealität der Menschen zu vernetzen. Die meisten Museumsbesucher/-innen sind nicht nur an den Inhalten des Museums interessiert. Sie sind ebenso „Fans" von Museen an sich. Es ergibt sich also ein Dreieck aus den kulturellen Inhalten, der Kultur der Besucher/-innen und der Kultur der Institution bzw. des Museums. Das Museum wird hier zur Schnittstelle dieser drei Kulturformen und der Museumsbesuch wird zu einer Gesamtinszenierung, welche weit über das Rezipieren von Kunst hinausgeht. Auf der anderen Seite ist dies jedoch ein großer Nachteil, denn für alle diejenigen, die mit dieser kulturellen Schnittmenge, dieser „gewachsenen" Inszenierung nichts anfangen können, hat das Museum letztlich kein Angebot. Die Nicht-Zugehörigkeit zum Kulturraum Museum bedeutet – überspitzt ausgedrückt – Ausgrenzung.

In diesem Kontext stellen die Bereiche Gaming – also das Spielen im digital-analogen Raum – und Gamification – die Nutzung von Game-Mechaniken und -Modellen in Non-Game-Zusammenhängen – eine große Herausforderung dar, denn sie beeinflussen alle drei Gruppen – die Inhalte/Werke, die Kultur der Besucher/-innen und die Kultur der Institution Museum – tiefgreifend. Das heißt, das Thema Gaming/Gamification verändert nicht nur die Erschließung, Kommunikation und

Wahrnehmung von Inhalten, sie verändert zunehmend das Museum als Ganzes.

Gaming/Gamification ist kein Thema, welches für sich steht. Es ist vielmehr Teil der digital-analogen Evolution unserer Gesellschaft. Dabei ist es zugleich Inhalt und Funktion. Computerspiele gehören heute zur kulturellen Identität von Millionen von Menschen. Sie stehen für eine neue Kunstform, die nicht nur den digitalen Kulturraum gestaltet, sondern zugleich das Verhältnis zwischen Werk, Künstler/-in und Rezipient/-in ändert, denn hier muss die Interaktion mit den Rezipient/-innen, die aktive Teilhabe und die Vermittlung der Inhalte bei der Erstellung des Werkes mitgedacht werden. Natürlich gibt es auch andere Kunstformen zum Beispiel die Medienkunst, in denen Interaktion eine Rolle spielen kann. Aber in allen diesen anderen Kunstformen gibt es auch Werke ohne Interaktion, in denen die Rezipient/-innen nur Konsument/-innen sind.

Computerspiele sind nicht aus dem Nichts entstanden. Sie sind vielmehr die logische Konsequenz der menschlichen Evolutionsgeschichte. Denn Spielen ist nicht nur ein netter Zeitvertreib, es ist ebenso eine der ältesten Kulturtechniken überhaupt. Die Computerspiele sind also die natürliche Weiterentwicklung dieser alten Kulturtechnik. In ihnen finden wir virtuelle Welten, die weit über die Kreativitätsfähigkeit unseres menschlichen Gehirns hinausgehen. Sie vernetzen Millionen von Menschen miteinander und werden durch globale Communitys kontinuierlich weiter entwickelt. So wie die Museen einen umfassenden Kulturraum darstellen, tut dies auch die Welt der Games. Der Unterschied zwischen „klassischen" Kunstwerken bzw. deren Vermittlung ist gar nicht so groß. In beiden Fällen haben wir es mit komplexen Systemen zu tun, für deren Erschließung und Verständnis eine Vielzahl verschiedener Kompetenzen notwendig sind. In beiden Fällen haben wir es mit Inhalten zu tun, die ihre jeweilige Epoche nachhaltig inspiriert haben. Der große Unterschied liegt eigentlich nur in der Verbreitung, dem Erfolg des jeweiligen Modells. Etwa die Hälfte aller Bundesbürger/-innen spielt regelmäßig Computerspiele, wobei beide Geschlechter nahezu gleichstark vertreten sind. In der Gruppe der unter 29jährigen sind es sogar 80%, die regelmäßig Computerspiele spielen. Was bedeutet das?

- Computerspiele als Kunstwerke bzw. Kulturgut sind äußerst erfolgreich. Die Inhalte wie auch die damit verbundene Kultur/-inszenierung begeistern Menschen aller Altersklassen.
- Computerspiele sind komplexe Systeme, die die Menschen motivieren, sich kontinuierlich mit ihnen bzw. den darin enthaltenen Inhalten zu befassen. Oder anders ausgedrückt: Gaming ist Lernen und Games sind äußerst erfolgreiche Lernplattformen. Wenn wir die dahinter stehenden Modelle und Mechaniken verstehen, können wir sie nutzen, um damit die Kulturvermittlung und die kulturelle Bildung nachhaltig zu verbessern.
- Computerspiele scheinen Menschen aus allen Milieus zu erreichen. Das heißt, sie sind in der Lage, komplexe Inhalte so zu vermitteln, dass sie unabhängig vom kulturellen- bzw. Bildungshintergrund verständlich sind.
- Computerspiele entstammen der analogen Welt. Sie sind, wie bereits erwähnt, die logische Weiterentwicklung einer alten Kulturtechnik mittels moderner Kommunikations- und Medientechnologien. Gleichwohl haben Gamer eine ebenso feste Bindung an die Historie „ihrer" Kultur. Das heißt, die fortschreitende Digitalisierung bedeutet nicht, dass sich Menschen weniger mit Kunst und Kultur beschäftigen. Sie bedeutet vielmehr, dass sie sich digital-analoge kulturelle Lebensrealitäten schaffen. Wenn es dem Museum gelingt, zu diesen Lebensrealitäten Schnittstellen zu entwickeln, sind völlig neue Formen der Kulturvermittlung und zudem eine neue Wahrnehmung, Akzeptanz und Bedeutung der Kunstwerke der Museen in der breiten Gesellschaft möglich.
- Besonders bedeutend ist in diesem Zusammenhang das Thema Gamification, also die Übernahme von Mechaniken und Modellen aus Computerspielen in Non-Game-Kontexte. Vereinfacht ausgedrückt basieren die Spiele auf einem einfachen Muster. Die folgende Beschreibung basiert auf der Definition der Games-Entwicklerin Jane McGonigal in ihrem Buch „Reality is broken". Games geben klare Ziele vor „Töte den Drachen – rette die Prinzessin". Zudem geben sie kontinuierlich ein auf die Ziele bezogenes, klares und verständliches Feedback. Sie haben klare Regeln, die aber Freiraum für eigene Ideen und Wege ermöglichen. Sie fordern und fördern das aktive Ausprobieren und das Fehlermachen. Und besonders relevant ist die

> Tatsache, dass sie auf Freiwilligkeit basieren, was sowohl das Spielen an sich, als auch die Akzeptanz der Regeln, Feedback, Ziele etc. angeht. Alle diese Punkte werden in Non-Game-Kontexte – sowohl im analogen als auch im digitalen Raum – übernommen. Bei richtiger Anwendung besteht für das Museum zum Beispiel die Möglichkeit, die analogen Angebote weiter zu entwickeln bzw. mit dem digitalen Raum zu vernetzen. Dabei geht es nicht um die Nutzung von Technologien sondern um erweiterte Inhalte und Vermittlungsformen. Gamification stellt keine technologische sondern eine kulturelle Schnittstelle zu neuen Zielgruppen dar. Man könnte auch sagen: Ein gutes Museum funktioniert in Zukunft auch ohne Technologie aber nicht ohne Gaming/Gamification.

Die Nutzungsmöglichkeiten sind riesig. Gamification bietet neue Formen der gemeinsamen Erschließung von Kunstwerken. Es eignet sich ebenso für neue Formen der Kulturvermittlung, bei denen es nicht mehr um eine „Lehre" sondern um das Entwickeln umfassender und nachhaltiger Erfahrungsräume geht. Diese Räume ermöglichen eine Verbindung der Werke mit der Lebensrealität der Rezipient/-innen, in dem sie die Werke nicht nur übersetzen, sondern sie in die jeweilige Lebensrealität implementieren. Hier liegt die ganz große Chance für Museen, denn damit öffnet sich das Museum auch den Personengruppen, die mit der Kultur des Museums bzw. der damit einhergehenden Inszenierung nur wenig anfangen können. Die Erfahrungsräume werden dabei sowohl von den Besucher/-innen als auch vom Museum selber erfahren und gestaltet.

Aber wie will man dies erreichen? Was muss getan werden, damit diese Evolution überhaupt Realität werden kann? Zuerst wird es darum gehen, die notwendigen Rahmenbedienungen zu schaffen. Dabei geht es letztlich um drei Bereiche. Zuerst muss das Museum den digitalen Raum als natürliche Erweiterung des analogen Raumes verstehen. Das heißt, digitale Aktivitäten sind keine PR- oder Marketingfunktion, sondern sie werden als Querschnittsfunktion des Museums verstanden. Dieser Schritt ist wichtig, um Gaming/Gamification nicht als optionales Add-on zu definieren. Konkret geht es zum Beispiel um einen massiven Ausbau der digitalen Infrastruktur. Zudem sollten möglichst alle Mitarbeiter/-innen mit dem Thema vertraut gemacht werden. Dies betrifft sowohl die Theorie als auch das praktische Ausprobieren unterschiedlicher Spiele und Konzepte, denn: das Museum ist wie bereits erwähnt ein komplexer Kulturraum, bzw. eine umfassende Kultur-Inszenierung. Das Museum muss diese neue Kulturinszenierung also erst erlernen. Dies betrifft aber nicht nur die Mitarbeiter/-innen, die direkt mit Aktivitäten in diesem Bereich betraut werden. Denn letztlich sind alle Mitarbeiter/-innen Teil des Museums-Raumes. Ansonsten werden Gaming-Aktivitäten zu Fremdkörpern im Museum, ganz egal wie gut und durchdacht das jeweilige Konzept zu sein scheint.

In einem weiteren Schritt müssen Computerspiele als Kunstwerke, gleichberechtigt zu allen anderen Kunstformen wahrgenommen werden. Das bedeutet natürlich, dass es auch hier einen Diskurs über Qualität geben muss. Aber dieser Diskurs muss sich aus der Logik der Games entwickeln bzw. ergeben. Games sind nicht besser oder schlechter als Bücher, Gemälde, Skulpturen etc. aber sie sind anders. Eine Auseinandersetzung mit dieser Kunstform bedarf eines eigenen und sich stetig weiter entwickelnden Kunstbegriffs. Oder anders ausgedrückt: Es macht keinen Sinn, Gaming und Gamification mit den Erklärungsmodellen und Kritiksystemen von Film, Buch, Gemälde etc. zu diskutieren. Und es ist ebenso sinnlos, eine Trennung zwischen vermeintlichen „Kunst-Games“ und „herkömmlichen“ bzw. „kommerziellen Games“ herbeizureden. Im Gegenteil, das Museum der Zukunft muss beide Bereiche unterstützen und als Schnittstelle zwischen beiden Ansätzen agieren.

Schließlich müssen die neuen Vermittlungsformen in die Arbeit des Museums integriert werden. Das bedeutet, das Museum wird (auch) zu einem umfassenden Spielort. Hier geht es darum, wie schon erwähnt Gaming/Gamification als Querschnittsfunktion durch alle Bereiche des Museums zu definieren.

Es ist naheliegend, dass eine Definition von Kulturvermittlung oder kultureller Bildung im Sinne von Lehre von kulturellen Inhalten im Zeitalter der Games keinen Sinn machen kann. Kunst wird immer im Kontext ihrer Epoche, ihrer Umstände und ihrer Ausdrucksformen wahrgenommen. Games sind nicht einfach ein neues Medium, sie stehen vielmehr für eine neue kulturelle Identität, in deren Kontext über eine Erweiterung bzw. Weiterentwicklung des Museums nachgedacht werden muss. Es geht hier nicht um eine zwanghafte Implementierung des Themas in die Museumsarbeit. Aber es macht ebenso wenig Sinn, weiterhin bzw. wenn überhaupt nur vereinzelte Projekte umzusetzen.

Solche sicherlich gut gemeinten Aktivitäten funktionieren letztlich wie Satelliten um den „Planeten Museum". Damit Gaming/Gamification aber seine Kraft voll entfalten kann, muss es auf das Museum selber Einfluss nehmen können. Es bleibt zu hoffen, dass die Museen diese Chance ergreifen …

Kapitel 2:
Erfahrung

Dirk vom Lehn

Vorschläge für ein interaktivierendes Museum

Der Museumsbesuch ist ein soziales Ereignis. Menschen besuchen Ausstellungen mit Freund/-innen, Bekannten und Familienmitgliedern. In Interviews geben sie an, dass ‚mit anderen Menschen zusammen zu sein und zu interagieren' („sozialising") eines der wesentlichen Motive für ihren Museumsbesuch ist (Jafari, Taheri, und vom Lehn 2013). Und selbst wenn sie eine Ausstellung allein betreten, betrachten und inspizieren sie die Ausstellungsstücke in sozialen Situationen, da andere Besucher/-innen in ihrer näheren Umgebung ähnlichen Aktivitäten nachgehen wie sie selbst.

Oberflächlich betrachtet ist das soziale Ereignis ‚Museumsbesuch' relativ einheitlich organisiert. Daran ändern auch Experimente mit neuartigen Ausstellungsformaten nichts, und selbst in überfüllten ‚Blockbuster-Ausstellungen' wird diese Organisation immer wieder hergestellt. Was in den Räumen von Kunstausstellungen zu beobachten ist, sind Menschen, die an Ausstellungsstücken stehen oder sich langsam und leise zwischen ihnen bewegen. Sie schauen sich die Kunstwerke an, manchmal nur für einige wenige Sekunden, manchmal auch länger, und dann gehen sie weiter zu einem nächsten Ausstellungsstück.

Diese Organisation des Besuches von Kunstausstellungen ist Museumsmanager/-innen, Kurator/-innen und Pädagog/-innen sehr wohl bekannt. Sie fassen einige der Eigenschaften dieser Organisation, wie insbesondere die kurze Verweildauer von Besucher/-innen vor Kunstwerken, die oft zwei oder drei Sekunden nicht überschreitet, als problematisch auf. In ihren Augen können Menschen keine sinnvolle Erfahrung in Ausstellungen machen, wenn sie nur sehr wenig Zeit mit den Kunstwerken verbringen (Schaefer 1996).

Infolgedessen unternehmen Museumsmanager/-innen praktischen und technologischen Aufwand, um die Verweildauer vor Ausstellungsstücken und in Ausstellungen zu verlängern, so dass die Wahrscheinlichkeit, dass es zu einer ästhetischen Erfahrung oder gar eines Lernens im Museum kommt, erhöht wird. In der jüngeren Vergangenheit haben diese Aktivitäten insbesondere die Installation von stationären Informati-

onskiosken und mobilen Geräten wie Personal Digital Assistants eingeschlossen. Diese Systeme und Geräte involvieren ihre Benutzer/-innen in Aktivitäten, wie das Lesen eines kurzen Texts oder das Schauen eines Videoclips, die eine gewisse Zeit in Anspruch nehmen. Die Verweildauer vor Ausstellungsstücken wird dadurch verlängert. *Mission accomplished!* Doch häufig bleibt die Zeit der Beschäftigung mit den Kunstwerken unverändert; nicht selten verringert sie sich (vom Lehn und Heath 2003).

Wie in vielen anderen Bereichen – von Schulen bis zu Krankenhäusern – wird in Museen auf Technik als Lösung für ein soziales Problem gesetzt. Dabei wird das Problem aus der Perspektive derjenigen charakterisiert, die für den „Erfolg" einer Ausstellung Rechenschaft ablegen müssen, und daher Evaluationen in Auftrag geben. Zumeist sind diese Evaluationen nicht an der Situation interessiert, in der Menschen Kunstwerken gegenüberstehen. Vielmehr versuchen sie die kognitive und verhaltensmäßige Reaktion auf Ausstellungsstücke zu messen. Die in den vergangenen Jahren installierten stationären und mobilen Technologien sind Antworten auf die Befunde dieser Evaluationen. Sie werden installiert, um die Verweildauer an Ausstellungsstücken zu erhöhen und die Erfahrung, die Besucher/-innen an Ausstellungsstücken machen, zu verbessern. Diese technischen Lösungen beziehen sich auf Probleme mit Ausstellungen, die Evaluationen ergeben haben. Es sind die Probleme von Museumsmanager/-innen und nicht Probleme, die Besucher/-innen in Situationen in Ausstellungen haben.

Es ist frappierend, dass Museumsmacher/-innen, also Manager/-innen, Kurator/-innen, Pädagog/-innen, Gestalter/-innen und Evaluator/-innen, nur sehr wenig Interesse an der Situation im Museum

haben, haben Psycholog/-innen doch schon vor mehr als zwei Jahrzehnten auf die Bedeutung der Situation für die Kunstwahrnehmung hingewiesen. Sie stellten fest, dass Besucher/-innen in Museen Kunstwerken in Situationen gegenüber treten, in denen es nicht zu einem längeren, kognitiv tiefgründigen Engagement mit den Werken kommen kann, da sie häufig von anderen Besucher/-innen gestört werden (Csikszentmihalyi und Robinson 1990). Diese Beobachtung hat jedoch das Interesse von Museumsgestalter/-innen nicht in Richtung der Situationen in Ausstellungen verschoben. Und auch die Besucherforschung verlegt sich immer noch zumeist auf Verhaltensmessungen und Interviewmethoden. Dadurch bleibt die tatsächliche (soziale) Situation vor dem Ausstellungsstück weitestgehend unerforscht und Wissen über sie hat nur wenig Einfluss auf die materielle Gestaltung und Organisation von Ausstellungen.

Diese Vernachlässigung der Situation in Ausstellungen reflektiert Entwicklungen in den Sozialwissenschaften generell. Obwohl Erving Goffman (1964) schon vor über 50 Jahren auf den Mangel an Forschung über soziale Situationen hinwies, dominiert die Interviewforschung immer noch die sozialwissenschaftlichen Disziplinen (Jerolmack und Khan 2014). Es ist daher keine große Überraschung, dass auch die Praxis der materiellen Gestaltung und Organisation von Situationen, wie der in Ausstellungen, nur wenig durch Forschung beeinflusst wird, die sich mit der sozialen Organisation von Situationen beschäftigt.

Zu Beginn dieses kurzen Textes habe ich aufgrund vorhandener Forschung argumentiert, dass Museumsbesuche soziale Ereignisse seien. Soziale Ereignisse unterliegen einer gewissen Organisation, die durch die Handlungen ihrer Teilnehmer/-innen fortlaufend hervorgebracht wird. Daher sind Situationen vor Ausstellungsstücken sehr dynamisch, aber keinesfalls unorganisiert. Mein Vorschlag für Museumsmacher/-innen ist eine Umstellung von Ausstellungen, die für die einzelnen Besucher/-innen als Betrachter/-innen gestaltet sind, zu Ausstellungen als Räume, die Interaktion und Kommunikation in der Umgebung von Kunstwerken unterstützen und fördern:

1. Interaktion und Kunstwerk

Betrachter/-in und Kunstwerk werden häufig getrennt als Subjekt-Objekt thematisiert. Die Vorstellung einer Person, die vor einem Werk steht und es auf sich wirken lässt, ist ein moderner Mythos, der im Museum nahezu niemals beobachtet werden kann. Um ein interaktivierendes Museum zu gestalten, ist es notwendig, sich von diesem Mythos zu verabschieden und diese Trennung schon in der Ausstellungskonzeption aufzuheben. In Museen interagieren Menschen miteinander und mit Kunstwerken und anderen visuellen und materialen Objekten. Aspekte dieser Objekte und der Kunstwerke werden systematisch in die Interaktion eingewoben, so dass es Moment-für-Moment zu einer Einheit von Interaktion und Objekt kommt. Museumsmacher/-innen können einen Beitrag zur Kunsterfahrung in Ausstellungen leisten, indem sie Räume kreieren, in denen die Entstehung von Situationen wahrscheinlich wird, in denen Besucher/-innen Kunst gemeinsam betrachten, interpretieren und diskutieren.

2. Kommunikation und Interaktion als Bestandteil der Museumserfahrung

Es ist eine Eigenschaft von Kunstwerken, dass sie in vielfältiger Weise erfahren und interpretiert werden und daher selbst Ausgangspunkt für Kommunikation und Interaktion sind. Jede/r Besucher/-in sieht Kunstwerke in unterschiedlicher Art und Weise. Über Geschmack lässt sich nicht streiten, wohl aber reden. Und daher beobachten wir in Museen, dass Besucher/-innen, wenn auch häufig nur für kurze Zeit vor dem Kunstwerk, jedoch später durchaus länger im Café oder auf der Heimfahrt über Kunst reden (Hausendorf 2007). Museumsmanager/-innen,

Kurator/-innen, Pädagog/-innen und –Gestalter/-innen, denen daran gelegen ist, dass Besucher/-innen im Angesicht von Kunstwerken dieselben diskutieren und analysieren, können Ausstellungsräume als Kommunikationsräume gestalten. Die Gestaltung dieser Räume bedarf einer kommunikationsfreundlichen Infrastruktur, die Besucher/-innen ermuntert, ihre Meinung über Kunstwerke schamlos preiszugeben: schalldämmende Fußböden und Decken, bequeme Sitzgelegenheiten für kleine Gruppen, die Möglichkeit an Tischen miteinander zu reden, zu schreiben, zu malen und zu basteln, sowie die Bereitstellung von Techniken, die Besucher/-innen dazu einladen, in Interaktion und Kommunikation miteinander Kunst zu interpretieren.

Hier kann auch Technologie helfen, die Besucher/-innen selbst mit in die Ausstellung bringen, wie beispielsweise ihre SmartPhones oder Tablet-Computer. Es sind jedoch auch ‚low-tech' Lösungen wie Post-it Notes denkbar, die Besucher/-innen in der Umgebung von Kunstwerken hinterlegen. Zudem scheint es angebracht, dass in den Ausstellungen Sitzgelegenheiten mit Blick auf die Kunstwerke eingerichtet werden, die es Besucher/-innen ermöglichen, sich intensiv und in Diskussion miteinander mit einem oder mehreren Ausstellungsstücken zu beschäftigen.

3. Technik, Interpretation und Interaktion

Systeme und Geräte, die ursprünglich für die Benutzung in Büros und von Individuen gestaltet wurden, sind für die soziale Situation im Museum häufig nicht geeignet. Ihre Interfaces sind zumeist so gestaltet, dass die Aufmerksamkeit der Besucher/-innen von den Werken abgelenkt wird und Interaktion und Kommunikation zwischen Besucher/-innen unterbunden oder erschwert wird (Heath und vom Lehn 2008). Häufig wird Technik in Museen zudem fernab der Ausstellung der originalen Kunstwerke installiert, so dass sie Besucher/-innen zwar erlaubt, Informationen über die Objekte zu erlangen, jedoch nicht während sie ihnen gegenüber stehen oder sitzen. Anstatt die Museumserfahrung zu einem Problem der Museumsmacher/-innen zu deklarieren, scheint es effektiver zu sein, sich mit den praktischen Problemen von Besucher/-innen in Kunstausstellungen zu beschäftigen. Dabei handelt es sich primär um Probleme, die eng mit der sozialen Situation in der Umgebung der

Kunstwerke verbunden sind. Museumsbesucher/-innen wissen zuweilen nicht, was ein Gesprächsthema ist, das der Situation vor den Kunstwerken angemessen ist.

Museumsmacher/-innen können hier helfen und Themen für die Kommunikation vor dem Kunstwerk bereitstellen. Anstatt sich auf die Informationsvermittlung durch Beschriftungen oder technische Systeme und Geräte zu verlegen, ist es vielmehr angezeigt, Techniken der Kommunikations- und Interaktions-in-Gang-Setzung zu entwickeln, und vor den Werken bereit zu stellen. Diese Techniken könnten wie ein „ticket to talk" (Sacks 1992) funktionieren, das heißt ähnlich wie Zigaretten in Bars Grund ein können, einen unbekannten Menschen zunächst nach Feuer zu fragen, bevor man ihn später eventuell zum Tanz auffordert.

Natürlich kann es für die Interaktion zwischen Besucher/-innen sehr hilfreich sein, wenn das Museum selbst Kommunikations- und Interpretationsvorschläge macht. Dies kann durch Informationsmaterial oder auch durch Museumspersonal geleistet werden, das konfiguriert ist, um Gespräche über die Werke anzustoßen. Naturkunde- und Wissenschaftsmuseen machen schon seit längerer Zeit Versuche, Kurator/-innen und anderes wissenschaftliches Personal in Ausstellungsräumen bei den Objekten zu positionieren, um Besucher/-innen Rede und Antwort zu stehen. In ähnlicher Weise können Kurator/-innen in Kunstmuseen ausstellungsnah eingesetzt werden, um Besucher/-innen Fragen zu Werken zu beantworten oder Techniken von Künstler/-innen zu erläutern.

Einige Kritiker/-innen mögen nun argumentieren, dass solch ein interaktivierendes Museum keinen Raum für individuelle Betrachtung und Kontemplation an Kunstwerken lässt. Diesen Kritiker/-innen kann geantwortet werden, dass die Vorstellung des einzelnen Betrachters in Kunstmuseen ein theoretisches Kunstprodukt ist, das in der Realität des Museums so nicht vorzufinden ist. Es gab zwar in der Vergangenheit die „One Picture Gallery" (Petrovich Sazonov 1996), die Ein-Besucher/-in Ausstellung jedoch ist meines Wissens bisher noch nicht geschaffen worden. Wenn es in Museen zu Kontemplation von Individuen kommt, dann arbeiten diese Akteure fortlaufend durch ihre Handlungen daran, um für sich und ihre Aktivität am Kunstwerk „Ellbogenraum" zu schaffen, der sie von anderen Besucher/-innen und deren Handlungen separiert. Diese Möglichkeit wird durch das interaktivierende Museum nicht unmöglich gemacht, sondern verlangt lediglich eine Anpassung an die Situation in einem Raum, der Kommunikation und Interaktion unterstützt.

Literatur

Csikszentmihalyi, Mihaly & Rick E. Robinson (1990). *The Art of Seeing. An Interpretation of the Aesthetic Encounter*. Malibu: Getty.

Davies, Maurice & Christian Heath (2013). „,Good' Organisational Reasons for ,ineffectual' Research: Evaluating Summative Evaluation of Museums and Galleries." *Cultural Trends* 23 (1) (December 16): S. 1–13. doi:10.1080/09548963.2014.862002.

Goffman, Erving (1964). „The Neglected Situation." *American Anthropologist* 66 (6 (Part 2)): S. 133–136.

Hausendorf, Heiko (2007). *Vor Dem Kunstwerk: Interdisziplinäre Aspekte Des Sprechens Und Schreibens Über Kunst*. Paderborn: Fink.

Heath, Christian & Dirk vom Lehn (2008). „Configuring ,Interactivity': Enhancing Engagement in Science Centres and Museums." *Social Studies of Science* 38 (1): S. 63–91. doi:10.1177/0306312707084152.

Jafari, Aliakbar, Babak Taheri & Dirk vom Lehn (2013). „Cultural Consumption , Interactive Sociality, and the Museum." *Journal of Marketing Management* 29 (15–16): S. 1729–1752.

Jerolmack, C. & S. Khan (2014). „Talk Is Cheap: Ethnography and the Attitudinal Fallacy." *Sociological Methods & Research* 43 (2) (March 9): S. 178–209. doi:10.1177/0049124114523396.

Petrovich Sazonov, Valery (1996). „The One-Picture Gallery." In *Thinking about Exhibitions*, edited by Reesa Greenberg, Bruce W. Ferguson, and Sandy Nairne, S. 297–306. London & New York: Routledge.

Sacks, Harvey (1992). *Lectures on Conversation*. Vol. I. Oxford: Blackwell Publishing.

Schaefer, Hermann (1996). *Museen Und Ihre Besucher/-innen. Herausforderungen in Der Zukunft*. Bonn & Berlin.

vom Lehn, Dirk & Christian Heath (2003). „Displacing the Object: Mobile Technology and Interpretive Resources." In *ICHIM'03*, S. 1–16. Paris.

Katja Schöwel

Zum Weshalb der Projektarbeit in der Vermittlung zeitgenössischer Kunst

28 Personen liegen in Schlafsäcke gehüllt, auf Isomatten verteil in einem großen Raum. Es ist Nacht aber niemand schläft. Trotzdem herrscht im Raum Stille, unterbrochen mitunter von Schritten oder leisem Husten. Die Dunkelheit der Septembernacht ist durchbrochen vom Licht 28 brennender Kerzen; verteilt im Raum findet sich je eine vor jedem Ruhelager. Es sind dicke Stumpenkerzen, die langsam brennen, dabei allmählich ihre Form verändern, sich zäh verkürzen, Wachsüberflüsse erzeugen, im Lufthauch flackern und rußen. All diese Veränderungen werden von 28 Augenpaaren wahrgenommen, beobachtet und in 28 Bleistiftzeichnungen dokumentiert.

Bei den Personen handelt es sich um 26 Schüler/-innen, eine Lehrerin und eine Kunstvermittlerin. Der Raum ist eine Schulturnhalle, und die Stille beruht auf einer gemeinsam getroffenen Vereinbarung, die Teil ist der Aufgabe dieser Nacht: Wir wollen etwas ausprobieren, uns hinein fühlen in eine schwierige Aufgabe. Die bewältigen wir in Form eines gemeinsamen und doch eigenständigen Tuns: wir fertigen eine künstlerische Arbeit an. Keine leichte Mission, denn wir unterwerfen uns dem Arbeitsprozess nicht halbherzig. Wir sprechen die ganze lange Nacht über nicht miteinander und zeichnen so lange, bis der Schlaf uns übermannt.

Am nächsten Morgen folgt das gemeinsame Frühstück. Die Stimmung ist besonders: uns verbindet das gemeinsame Durchleben dieser ungewöhnlichen Nacht. Niemand der Beteiligten hat sich ihr entzogen: alle haben gezeichnet und dabei geschwiegen. Erstaunliches ist auf diese Weise geschehen: die gestellte Aufgabe wurde zur eigenen und gemeinsamen Sache, Gemeinschaft ist entstanden.

Gemeinschaft erzeugen

Die hier beschriebene Nacht ist Teil einer Projekteinheit zur Vermittlung von Gegenwartskunst. Innerhalb dieser arbeiten die Schüler/-innen in gleich mehreren künstlerischen Medien: Die Zeichnungen sind bestehendes Ergebnis einer Performance die auf Momenten des Aushaltens, Durchhaltens, des „Arbeitens bis zur Erschöpfung" basiert. Wichtig hierbei ist, dass die Jugendlichen diese besondere Situation gemeinsam erleben, so dass am nächsten Morgen die Grundlage für die weitere Zusammenarbeit innerhalb der Gruppe steht: Die Intensität dieser Zeit hat Zusammenhalt hergestellt. Eine wichtige Voraussetzung für eine positive Arbeitsatmosphäre, die Möglichkeiten zum offenen Austausch und vertrauten Ausprobieren bietet.

Die Nacht vom 14. auf den 15. September 2011 ist eine Einheit des Projektes *SCHUL*STUDIO; von 2011 bis 2014 „Kunstvermittlungsprojekt am Frankfurter Kunstverein". Der Grundgedanke besteht darin, eine sowohl der Zielgruppe der jungen Erwachsenen, als auch der Art der verhandelten Kunst, nämlich Gegenwartskunst, angemessene Art der Vermittlung zu praktizieren.

Schwerpunkt einer jeden laufenden Projekteinheit bildet die Auseinandersetzung mit zeitgenössischer Kunst in Form einer eigenständig entwickelten praktischen Arbeit. Die Schüler/-innen sollen hierbei nicht selbst zu „Künstler/-innen" werden, sondern sich mit künstlerischen Methoden und Handlungsweisen vertraut machen. Es geht darum, die Jugendlichen die Fähigkeit entwickeln zu lassen, künstlerische Prozesse nachzuvollziehen. Dies bildet die Grundlage für einen eigenständigen Umgang mit künstlerischer Produktion, sei es die der Kunstwelt oder die eigene.

Kontinuität und Zeit spielen in der Projektarbeit eine wichtige Rolle. Da der allgemeine Zeitdruck im Lehrplan solche Freiräume nur durch großes Engagement auf Seiten aller Beteiligter möglich macht, bietet es sich an, die Inhalte an den Lehrplan anzudocken und einzelne Teile des Prozesses zu bewerten. So ermöglicht das Projekt Freiräume, stellt aber verbindliche Unterrichtszeit dar. Konzeption und Durchführung der einzelnen Phasen geschieht stets durch gemeinsame Überlegungen der Kurslehrer/-innen und der Kunstpädagog/-innen.

Die Kunstwerke der jeweiligen Bezugsausstellung am Frankfurter Kunstverein ist Anlass und Impulsgeber für das Projekt. Hinzu kommt eine Auswahl weiterer Impulse, die der Gruppe an die Hand gegeben werden – in unserem Fall geschieht dies dem Ausstellungsbesuch vorangestellt.

Die Teilnahme ist für die Jugendlichen kostenfrei, erfordert aber sowohl Zeit als auch die Bereitschaft, sich einzubringen und innerhalb des Projektes zu denken. Es geht nicht um das Abarbeiten einer vorab formulierten Aufgabe, sondern darum, sich auf den Prozess einzulassen. Damit dies geschehen kann, muss Interesse geweckt werden, die Jugendlichen müssen Zugang finden zu den verhandelten Themen, um daraus ihre eigenen zu machen.

Zwei Tage zuvor, 12. September 2011, 10 Uhr: Die Schüler/-innen betreten einen Klassenraum, der sich in einem nicht ganz üblichen Zustand befindet. Die Rollläden sind verschlossen, Licht spenden Kerzen. Im Raum Tonbandaufnahmen gelesener „altmodischer" Gedichte: „Ich suche die blaue Blume, ich suche und finde sie nie, mir träumt, dass in der Blume mein gutes Glück mir blüh ..." (Joseph von Eichendorff, Die Blaue Blume, 1818). Über dem Pult eine Abfolge projizierter Gemälde, eine weiße Frauengestalt, durch den Wald schwebend, Dämonen, die eine im Alptraum sich windende Schläferin belagern, Ruinen gotischer Architektur im Eichenwald, Moritz von Schwind, Johann Heinrich Füssli, Caspar David Friedrich. Im Raum zudem eine unbekannte Frau, die Kunstvermittlerin vom Frankfurter Kunstverein, die versucht, die Situation so lange wie möglich unkommentiert auszuhalten und dann doch endlich zu dem übergeht, was aus dem schulischen Alltag vertraut ist. Ich frage nach, welche Stichworte die vorgefundene Situation in den Köpfen der Schüler/-innen auslöst: Erleichtert werden Begriffe in den Raum gestellt, die auf der Tafel gesammelt und dann auf bekannte Weise in Kategorien unter gemeinsam festgelegte Oberbegriffe sortiert werden.

Unser Thema an diesem Ort ist klar, es geht um Romantik. Was immer das sein soll, zum Beispiel die Romantik in all den Gedichten und Bildern der gleichnamigen Epoche in Verbindung mit der Vorstellung von Romantik in den Köpfen der Jugendlichen, die erstaunlich viele Gemeinsamkeiten aufweist wie sich zeigt.

Den zweiten Teil der Unterrichtseinheit dieses Tages bildet für die Jugendlichen der Wechsel in einen anderen Klassenraum, in dem die Lehrerin die Gruppe in eine Gattung der zeitgenössischen Kunst einführt: die Performance, eine Kunstform, die uns innerhalb des Projektes besonders interessiert, da hier der häufig nonverbale Körpereinsatz im Fokus steht. Bezug nehmend auf den ersten Teil der Unterrichtseinheit stellen die Jugendlichen fest, dass aus der Romantik in unsere Zeit hinein reichende Bezüge zumeist auf Zeichen und Symbolen basieren, die in unserem Kulturkreis als allgemeingültige Sprache Verwendung finden. Einen wichtigen Bereich allgemeingültiger Kommunikation innerhalb einzelner Kulturen bildet die Körpersprache. Die Schüler/-innen sehen nun genau hin: Um Gefühl zu verdeutlichen, bedienen wir uns gerne auch im Alltag bestimmter Pathosformeln und -gesten. Sie umgeben und betreffen uns, wir verwenden sie selbst, oft unbewusst.

Impulse setzten

Die ungewöhnliche Aufmachung der „Unterrichtsstunde" soll es den Jugendlichen unmöglich machen, eine passive Haltung einzunehmen. Vielmehr sollen sie angestoßen werden: Außergewöhnliche Situationen erfordern, dass man sich in ihnen verhält; und zwar anders als in gewohnten Situationen. In der Unsrigen war es notwendig sich zu äußern und einzubringen, allein schon deshalb, weil auf diese Weise „Normalität" wieder hergestellt werden konnte.

Die verschiedenen Sinneseindrücke des romantisierten Klassenzimmers zeigen ihre Wirkung, sie sind Anregung zu Kommunikation und Auseinandersetzung. Mit Abschluss des Tages sind erste Impulse gesetzt, und das Thema „Romantik", mit der Vielzahl seiner Facetten und Ausprägungen, steht im Raum. Möglichkeiten, sich darin ein eigenes Feld zu eröffnen, lassen sich ahnen.

Einen Tag später treffen wir uns in der Aula der Schule, gekleidet in schwarze bequeme Kleidung. Wir sind bereit für eine Reihe von gemeinsam auszuprobierenden, theatralen Übungen, angeleitet von der Lehrerin Anika Rosenberg. Es folgen Lockerungsmethoden und Stimmtraining. Kein Platz für Zurückhaltung, wir müssen aus uns heraus gehen, Barrieren vergessen, uns ineinander verknoten, um in kompakten Schleifen über den Boden rollen zu können.

Die letzte Übung dieses Tages ist der Beginn der selbständigen, künstlerischen Arbeit: Nun steht das Erarbeiten erster kurzer Inszenierungen im Raum, die wir uns anschließend gegenseitig präsentieren. Das Thema hier ist das Thema der vergangenen Tage in all seinen Facetten: Die Romantik als Anlass, der Körper als künstlerisches Material, die eigene

Persönlichkeit als entscheidendes Kriterium zur Gestaltung der Aufgabe. Gegenseitiger Respekt ist selbstverständlich: Die Gruppe funktioniert, wir sitzen in einem Boot und es hat sich durch den Zusammenhalt ein Schutzraum für eigene Experimente ergeben.

Interesse wecken und Schwerpunkte finden

Nach den drei hier beschriebenen Projekteinheiten sind die Jugendlichen vorbereitet für die Arbeit an eigenen künstlerischen Ideen. Im Vordergrund der Projekte steht das selbständig erarbeitete Verstehen von Inhalten und Themengebieten, der Gedanke einer Schwerpunktsetzung innerhalb dieses Kosmos und das Finden einer Form, den gewählten Inhalt zu präsentieren. Die eigenständige Auseinandersetzung ist ein ehrgeiziger Anspruch, der an die Jugendlichen herangetragen wird; wichtigste Voraussetzung für ein Gelingen ist das Interesse, erst daraus wird eine eigene, engagierte Auseinandersetzung entstehen.

Grundsätzlich besteht die höchste Anforderung der Projekte in der darin gefragten Eigenständigkeit. Aus dem Schulalltag sind es die Jugendlichen eher gewohnt, entlang klarer Vorgaben zu handeln. „Schule tendiert dazu, Phänomene und Erfahrungen auf den Begriff zu bringen. System, Methode und Theorie verleihen einem Fach in der Schule höchstes Ansehen. Museum kann Nachdenken und Einsicht auf der Grundlage sinnlicher Erfahrungen provozieren“. Ein von Gunter Otto beschriebener Unterschied zwischen schulischem- und Ausstellungskontext wird an dieser Stelle deutlich (Otto, in Dreykorn, Wagner 2007, S. 16). Teil des Projektes ist deshalb in der Regel anfangs das Gefühl der Orientierungslosigkeit auf Seiten der Schüler/-innen. Die offene Aufgabenstellung, die eigene Entscheidungen und Positionierungen unumgänglich macht, ist oft verbunden mit dem Gefühl der Überforderung. Gerade in dieser Phase ist es wichtig, den Jugendlichen unterstützend zur Seite zu stehen. Einzelgespräche sind zu führen und bei Bedarf müssen neue Impulse eingebracht werden. Nicht selten besteht eine wichtige Aufgabe der Pädagoginnen hierin, dabei zu bleiben eben keine Aufgabenstellung zu formulieren, sondern den emanzipatorischen Schritt der Jugendlichen in der Wahl des eigenen Themas zu unterstützen und voranzutreiben. Ein eigenes Thema muss es sein, denn „Kreativ sind wir vor allem in Bereichen, die uns wichtig sind, die uns „am Herzen liegen“ (...); „wer sich für ein Thema interessiert, wird ständig neue Aspekte und Beziehungen herstellen“ (Siebert, 2005, S. 89).

Scheitern erfahren und weitermachen

Das Entwickeln einer künstlerischen Arbeit benötigt Raum, sie entsteht im Prozess, innerhalb dessen immer wieder umgedacht, verworfen und neu angefangen werden muss. Erst hier kristallisieren sich gangbare Wege vom ersten Gedanken zur stimmigen Umsetzung heraus. Das Scheitern zu erfahren ist hierbei wichtig; die Überwindung der Frustration und der Neuanfang lassen nicht nur die Arbeit, sondern zugleich auch die Professionalität der Jugendlichen wachsen. Material, Fokus und Inszenierungen werden verworfen, neu gefunden, Formen entwickeln sich und schließlich werden Gedanken und Inhalte stimmig visualisiert.

Wichtig ist an dieser Stelle vor allem, dass die Schüler/-innen in ihrer Position ernst genommen, bestärkt und unterstützt werden. Denn zu einem erfolgreich bewältigten, prozessorientierten Projekt mit offenem Ausgang gehört ein hohes Maß an Selbstvertrauen, über das die Jugendlichen nicht selbstverständlich von Anfang an verfügen. An dieser Stelle soll nicht verschwiegen werden, dass die Möglichkeit zu scheitern nicht nur für die Jugendlichen, sondern auch für die Pädagoginnen gilt: Nicht in allen Projekten hat es gleichermaßen gut funktioniert, die Gruppe zu engagiertem Arbeiten anzuregen. Mitunter fanden sich einzelne Jugendliche nicht in die Projektidee ein, entzogen sich, blockten den als Überforderung wahrgenommenen Arbeitsprozess ab, entzogen sich der Möglichkeit zur Kommunikation und kamen zu keinem praktischen Ergebnis. Die Erfahrung zeigt, dass das Gelingen der Projekte von vielen Faktoren abhängt, über die nicht immer Kontrolle zu erhalten ist: Die Dynamik innerhalb der Gruppe, das Interesse oder Desinteresse an den aktuellen Ausstellungsinhalten, das Hineingeben der richtigen Impulse zur richtigen Zeit und die Positionierung des Projektes innerhalb des Schuljahres sind nur einige wenige Faktoren, die das Gelingen oder Misslingen mitbestimmen.

Im Team arbeiten und Verantwortung übernehmen

Im Fall der hier beschriebenen Projekteinheit stellt sich schnell heraus, dass fast alle Jugendlichen der Klasse ihre künstlerischen Arbeiten in Gruppen erstellen würden. Keine leichte Aufgabe, denn gemeinsames Arbeiten erfordert das gemeinsame Treffen von Entscheidungen. Um zu Ergebnissen zu gelangen, die für alle Beteiligten zufriedenstellend sind, ist ein demokratisches Aushandeln von Inhalt und Schwerpunktsetzung notwendig. In diese Aufgaben müssen sich die Schüler/-innen oft erst einfinden, im weiteren Verlauf zeigt sich aber gerade hier am deutlichsten die Identifikation mit dem Projekt, das zum eigenen wird: wenn Verantwortung übernommen wird. Im Team bewältigte Aufgaben fördern den Gruppenzusammenhalt wie wir im Verlauf des oben beschriebenen Projektes zur performativen Arbeit erfahren haben. Längerfristig sind solche Erfahrungen für die Jugendlichen hilfreich, auch zur Bewältigung anderer Aufgaben im Schulalltag und darüber hinaus: sie erproben ihre Teamfähigkeit.

„Sorrow conquers happiness ..." in immer neuen Tonalitäten gesungen schallt der Satz uns entgegen. Ein dunkler Raum des Frankfurter Kunstvereins entpuppt sich als Quelle des Klangs: Hier steht uns ein junger Mann mit Pomade im Haar gegenüber, gekleidet in einen schwarzen Anzug. Hinter ihm, drapiert auf von pinkfarbenem Satin umhüllten Podesten findet sich ein Orchester, bestehend aus Streichern, Harfenist, Pianist und Schlagzeuger, die ihn engagiert auf seiner Suche nach dem bestmöglichen Ausdruck der getroffenen bedeutungsschweren Aussage unterstützen. Immer und immer wieder. Pathos steht im Raum. „God" (2007) ist eine Videoarbeit des isländischen Künstlers Ragnar Kjartansson, in der er selbst performt.

„RAGNAR KJARTANSSON. Endlose Sehnsucht, Ewige Wiederkehr" lautet der Titel der Ausstellung am Frankfurter Kunstverein, die der Leistungskurs Kunst der Jahrgangsstufe 11 von Anika Rosenberg am 20. September 2011 besucht. Die Ausstellung ist Anlass der in den vergangenen Tagen erfolgten Aktivitäten der Jugendlichen, und heute sollen die Fäden zusammenlaufen.

Ragnar Kjartansson verfolge einen multidisziplinären Ansatz lesen wir im Flyer zur Schau. In seinen Werken setze er Elemente der bilden-

den Kunst, der Musik und vor allem des Theaters ein und schaffe so Happenings, Installationen, Zeichnungen, Fotografien und Videos, lesen wir weiter. Der Künstler agiere in vielen seiner Arbeiten als Protagonist und schlüpfe dabei in unterschiedliche Rollen – im Durchgang der Räume wird das offenkundig. Weiter heißt es: Der Einsatz von Wiederholungen und Zeitschleifen und das damit verbundene Thema der Dauer und des Durchhaltens stehe im Zentrum der Arbeiten des isländischen Künstlers. Sie zeugen von einem Gefühl von Trauer, Verzweiflung aber auch von Schönheit, das der Künstler auf einen existentiellen Moment zu reduzieren suche – und ein klarer Bezug zur Epoche der Romantik sei offenkundig. So gehe es bei Kjartansson häufig darum, literarische, musikalische oder gestische Momente der Ergriffenheit und der reinen Expression bis zur Erschöpfung aufzuführen und auszuhalten. (Flyer zur Ausstellung, Frankfurter Kunstverein zu „RAGNAR KJARTANSSON: ENDLOSE SEHNSUCHT, EWIGE WIEDERKEHR" 2011).

Gegenwartskunst erfahren

Wir sehen uns die Ausstellung gemeinsam an, unterhalten uns über die hier präsentierten Werke. Den Hauptredebeitrag leistet die Gruppe. Sie bestimmt auch, welche Exponate genauer betrachtet werden. Was sich im Verlauf der nächsten Stunden klar zeigt ist, dass die Werke der Ausstellung mit den Jugendlichen sprechen. Ohne bisher Arbeiten Ragnar Kjartanssons zu kennen, sehr wohl aber durch die eigene Praxis bereits angekommen im Kosmos der hier verhandelten Themenfelder, nehmen die Jugendlichen die Ausstellung im Kunstverein auf. Sie interessieren sich, schauen genau hin. Tatsächlich müssen sie das auch, denn zum Ausstellungsbesuch gehört das Skizzieren und Aufzeichnen eigener Gedankengänge auch in Bezug auf ihre eigenen Projektideen – in diesem Fall wird das Ergebnis von der Lehrerin benotet.

Gegenwartskunst vermitteln

Der Frankfurter Kunstverein ist Ausstellungsraum für Gegenwartskunst, hier werden gesellschaftlich relevante Themenfelder eröffnet. Innerhalb unserer Projekte wird die Ausstellung zum Möglichkeitsraum des Denkens und Handelns der Schüler/-innen. *SCHUL*STUDIO-Projekte richten sich wie oben erwähnt, bewusst an Jugendliche in der Adoleszenz; etwa ab dem 14. Lebensjahr stellt sich eine Entwicklungsphase ein, in der verstärkt Interesse an gesellschaftlichen Zusammenhängen aufkommt. So steht nicht nur die Frage nach der Form von Kunst, sondern auch die Frage nach dem „wozu Kunst?" im Raum. Schüler/-innen haben mitunter eine eng gesteckte Vorstellung davon, wie Kunst auszusehen hat. „ich dachte immer, Kunst kommt von Können" oder eben „das kann ich auch!" sind Sätze, die bei der Begegnung mit zeitgenössischer Kunst von Jugendlichen (und nebenbei gesagt auch von vielen Erwachsenen) häufig zu hören sind.

Die Konfrontation mit zeitgenössischer Kunst, die oft abstrahiert oder konzeptuell funktioniert, wird nicht zuletzt deshalb häufig als fremd und unverständlich erfahren, weil Formen zeitgenössischer Kunst nicht immer mit klassischen Vorstellungen davon, was unter „Kunst" verstanden wird, konform gehen. Pierangelo Maset weist darauf hin, dass bei der Auseinandersetzung mit bestimmten Formen der Gegenwartskunst die „traditionelle Gegenüberstellung von Subjekt und Gegenstand nicht mehr alleiniges Betriebssystem für Kunstvermittlung" sein kann. Kunstpädagogik selbst sei zu veranschlagen als Praxisform von Kunst, bei der Interaktivität eine große Rolle spiele, da „Handeln nie ohne subjektive Relationen auskommt" (Maset, 2003, 207–208).

23. September 2011. An einem sonnigen Freitagmorgen trifft sich die Projektgruppe an einem bislang unbekannten Ort. Wir befinden uns in der Gutleutstraße, bei basis, „Produktions- und Ausstellungsplattform" in Frankfurt am Main. Im großen Veranstaltungsraum des Untergeschosses findet sich die Gruppe ein. Empfangen wird sie von einer Frau in schwarzer Sportbekleidung. Zunächst üben wir Gehen durch den Raum. Richtungen sind zu wechseln wenn zwei Wege sich kreuzen. Den Blick geradeaus, Körperspannung halten, und auch die Konzentration: Keine Gespräche und Lachsalven während der Übungen! Die geforderte Disziplin unterstreicht den Ernst der Situation: die Tänzerin und Tanzpädagogin Maike Hild wurde für einen Künstlerworkshop gebucht, um den Jugendlichen an zwei Tagen das Handwerkszeug zum Verfeinern ihrer Ideen an die Hand zu geben. Der Workshop setzt weitere Impulse, die den Schüler/-innen auf dem Weg zum eigenen Werk Rückhalt geben sollen: Sie werden für den eigenen Kör-

per und sein Ausdruckspotential sensibilisiert. Bewegungsmöglichkeiten werden ausgelotet. Balance geübt. Der Körper als Ausdrucksträger und nonverbales Sprachinstrument wird erprobt. Denn mittlerweile hat sich ein Großteil der Gruppe dafür entschieden, eigene Performances als künstlerische Projekte zu entwickeln (die Technik für die Auseinandersetzung war freigestellt). Ideen dazu sind vorhanden – nun geht es darum, die aussagekräftigste Form zu finden. Die aktuellen Performance – Zustände werden gesichtet und gemeinsam besprochen, Hinweise zur Weiterentwicklung gegeben, Feinschliff vorgenommen.

Professionelle Betreuung für professionellen Anspruch

Die außerschulische Umgebung tut gut – wie bereits beim Ausstellungsbesuch im Kunstverein zu beobachten war, nehmen die Schüler/-innen den neuen Ort und die bisher unbekannte Person an. Dass Orte und Personen mit denen die Gruppe arbeitet Teil des professionellen Kunstkosmos sind, trägt dazu bei, dass Selbstvertrauen und Verantwortungsbewusstsein für die eigne praktische Arbeit wachsen. Die Jugendlichen fühlen sich ernst genommen. Der Anspruch steigt und damit auch die Bereitschaft zur Arbeit am eigenen Werk.

11. November 2011: Im Frankfurter Kunstverein halten sich trotz der abendlichen Stunde eine beachtliche Anzahl an Menschen auf. Bereits im Außenbereich werden sie empfangen von einem Heer brennender Kerzen. Steigt man die Stufen aus dem Foyer in Richtung der darüber liegenden Stockwerke empor, begleiten einen auf den Treppenstufen ausgelegte Bleistiftzeichnungen. Jede Einzelne zeigt eine dicke Stumpenkerze, allerdings steht diese nicht statisch im Format. Mitunter erscheinen die Zeichnungen wie übereinandergelegte Momentaufnahmen eines fortlaufenden Prozesses, in dem die Kerzen stetig weiter brennen, dabei allmählich ihre Form verändern, sich zäh verkürzen, Wachsüberflüsse erzeugen, im Lufthauch flackern und rußen.

Dann findet man sich vor einem kleinen, festlich für zwei Personen gedeckten Tisch, der neben dem Aufzug im zweiten Stock steht. Ein Paar nimmt Platz und wird sogleich eilfertig bedient von einer dritten Person, die immer weiteres Essen auftischt. Besondere Präsenz erzielt dabei eine schier endlose Masse an Spaghetti, die sich zusehend über den Tisch er-

gießt. Das Paar bemüht sich nach Kräften den Mengen Herr zu werden, im Eifer des Gefechts fallen Löffel und Gabel und sie gehen dazu über, mit den Händen die immer nachgelegten Nahrungsmengen zu vertilgen. Als Zuschauer kann man die Spannung kaum ertragen, will eingreifen, so viele Nudeln kann man doch unmöglich schadlos verzehren ...

Die hier umrissene, ist eine von fünf im Projekt entstandenen Performances der Gruppe. Der Abend der Abschlusspräsentation ist von dem beteiligten Leistungskurs der Jahrgangsstufe 11 und von der zweiten am Projekt beteiligten Gruppe der 9. Klasse derselben Schule, zu einem vollen Erfolg organisiert worden. In zwei Runden werden die Performances auf allen Stockwerken des Ausstellungshauses präsentiert. Darüber hinaus finden sich in den Räumen die in Form von Filmen gefassten Performances und Fotoarbeiten der Jahrgangsstufe 9.

Professionalität erfahren, Rückmeldung erhalten, Positives erleben

Den feierlichen Abschluss jedes *SCHUL*STUDIO-Projektes stellt die öffentliche Präsentation der Arbeitsergebnisse dar. Wichtig ist hierbei, dass nicht die Schule der Veranstaltungsort ist, sondern dass vielmehr an einem professionellen Kunstort präsentiert wird, in dem hier beschriebenen Fall innerhalb der laufenden Ausstellung des Frankfurter Kunstvereins. Die Schülerarbeiten werden dort mit den Arbeiten etablierter Künstler/-innen konfrontiert, sie stehen nebeneinander, nehmen nicht selten Bezug aufeinander. Die Jugendlichen erfahren Professionalität.

Neben den fertigen Arbeiten zeigen die Ausstellungen zusätzlich interessante Zwischenergebnisse: Skizzen, Fotos, Emails. Die Projekte sind bestimmt vom Prozess der Werkentwicklung; die Zwischenergebnisse bieten Einblick in die Denk- und Entscheidungsprozesse der Jugendlichen, zeigen auf, welche Auseinandersetzungen, Richtungsänderungen und Neuanfänge nötig waren, um zur präsentierten Arbeit zu gelangen.

Die Planung der Ausstellung gehört ebenso zum Projekt wie die im Vorfeld beschriebenen Einheiten. Um zu präsentieren, ist es nötig sich mit kuratorischen Fragestellungen auseinanderzusetzen; sich untereinander zu einigen. Die Jugendlichen erweitern so ihre Kenntnisse über den Ablauf des Ausstellungsbetriebes. Aber auch der Abend selbst will geplant sein. Wer gestaltet einen Flyer? Gibt es ein Besucherblatt? Was gibt es zu knabbern? Wer kümmert sich um den Einkauf? Den Ausschank? Ist jemand bereit dazu, vor den Besucher/-innen etwas zum Projekt zu sagen? Auch an dieser Stelle ist es unerlässlich und mittlerweile auch selbstverständlich, Verantwortung zu übernehmen. Die Möglichkeit der Präsentation außerhalb des „Schutzraums Schule" ist für die Jugendlichen eine große Herausforderung, sie generiert aber auch ein besonderes Erfolgserlebnis, erhalten die Projektarbeiten und ihre Macher/-innen auf diese Weise doch eine besondere Wertschätzung und Aufmerksamkeit. Viele Besucher/-innen der Ausstellung fragen interessiert nach. Die Jugendlichen sprechen über ihre Arbeiten, sie erhalten Rückmeldung, werden ernst genommen und erleben Positives.

Weshalb Projektarbeit?

Weshalb Projektarbeit auf dem Gebiet der Vermittlung zeitgenössischer Kunst durchführen? Die Gründe dafür sind, wie den obigen Ausführungen entnommen werden kann, vielfältig. Es finden sich Argumente dafür, in unterschiedlichster Hinsicht. Zum einen in Bezug auf die Gruppe als soziales Gefüge, die durch das Projekt und die damit interaktiv durchlebte Zeit gestärkt wird. In Bezug auf den Einzelnen steht die Stärkung des Ichs durch das Überwinden von Momenten des Scheiterns im Vordergrund. Die intensive Auseinandersetzung mit einem nicht vorformulierten Thema, das man zum Eigenen macht, befördert die Meinungsbildung und bringt Ergebnisse hervor, auf die man stolz sein kann.

In Bezug auf den Umgang mit Kunst steht natürlich die Befähigung der Jugendlichen zur Auseinandersetzung mit Gegenwartskunst im Fokus und darin wiederum der Mut zur Bildung und Äußerung eigener Meinungen und Gedanken.

Auch für die begleitenden Pädagog/-innen bietet das Projekt stets neue Impulse, immer neue Charaktere treffen aufeinander, Situationen entstehen, Schwierigkeiten müssen gelöst werden. Auch hier geht es darum, Ergebnisse wachsen zu sehen, Rückmeldung zu erhalten und Positives zu erleben.

Viele Argumente sprechen für die aufwendige, zeit- und kostenintensive Projektarbeit zur Auseinandersetzung mit zeitgenössischer Kunst. Aber die intensive Struktur des Projektes weist einen Faktor auf, den man ihr als Nachteil auslegen kann: Projektarbeit ist nicht massenkompatibel. *SCHUL*STUDIO-Projekte – zumindest am Frankfurter Kunstverein – gibt es nicht mehr. Doch all diejenigen Schüler/-innen, die die Projekte durchlaufen haben, werden sich gerade wegen der Intensität des Ablaufes daran erinnern, vor allem in den Momenten, in denen sie in Zukunft mit zeitgenössischer Kunst konfrontiert werden.

Literatur

Siebert, H., Reich, K., Voß, R. (2005). Pädagogischer Konstruktivismus. Lernzentrierte Pädagogik in Schule und Erwachsenenbildung. Weinheim: Belz Verlag.

Maset, Pierangelo (2003). Kunstpädagogik als Praxisform von Kunst? In: Buschkühle, C. (Hg.): Perspektiven künstlerischer Bildung, S. 205–212. Köln: Salon Verlag.

Settele, Bernadett (2014). Entschieden Unentschieden. Radikale Kunstvermittlung als eigenwillige Fortsetzung von Kunst. In: Mader, R. (Hg.): Radikal/Ambivalent. Engagement und Verantwortung in den Künsten heute. S. 57–71. Zürich: Diaphanes.

Otto, Gunter (2007). Schule und Museum – Unterschiede und Gemeinsamkeiten an zwei Lernorten. In: Dreykorn, M. und Wagner, E. (Hg.): Museum Schule Bildung: Aktuelle Diskurse – Innovative Modelle – Erprobte Methoden, S. 15–18. München: Kopaed.

Flyer zur Ausstellung, Frankfurter Kunstverein zu „RAGNAR KJARTANSSON: ENDLOSE SEHNSUCHT, EWIGE WIEDERKEHR" 2011.

Bernadett Settele

Die gerahmte Gegenwärtigkeit der Kunstrezeption

Einsichten für die künstlerische Kunstvermittlung

Kunst kann sich mir – als Individuum – überraschend gegenwärtig zeigen, doch dies darf meiner Ansicht nach nicht zu dem Fehlschluss führen, dass jedwedes kollektive Tun oder jede Verhandlung darüber obsolet sei, wie manch wenig bildungsaffine oder kontemplativ veranlagte Zeitgenoss/-in vorschlägt. Wie können die unerwarteten Arten und schwer nachvollziehbaren Linien, in denen eine Arbeit oder eine Situation der Kunst manchmal glücklicherweise wirksam wird, auch in der Kunstvermittlung gegenwärtig bleiben oder, wie Eva Sturm sagt, *treffen?* Ist es ein Paradox zu glauben, dass eine vorgeplante und gestaltete Situation in der Gruppe so etwas wie ästhetische Erfahrung triggern könne oder können sollte? Der Diskurs der künstlerischen Kunstvermittlung hat zu dieser Frage Expertisen gesammelt und manches ausformuliert, was einer Wiederaufnahme wert sein könnte. Diese angewandte und vom Angewandten her gedachte Auseinandersetzung berührt die Frage der Definition ästhetischer Erfahrung, ohne dass jene wie in der philosophischen Ästhetik zentral gesetzt würde.[1] Vielmehr schlage ich vor, die ästhetische Erfahrung als einen, aber nicht den einzigen Faktor kollektiver ästhetischer Situationen zu begreifen.

Mein Beitrag widmet sich der Frage, wie man die Gegenwärtigkeit von Kunstsituationen ernst nimmt, ohne ihr aufzusitzen oder sie zu mystifizieren, und versucht damit, die Kunstvermittlung im Sturm'schen Sinne weiterzudenken. Wenn auch der Begriff des Affekts eine bestimmte Unmittelbarkeit in sich trägt, wie Mieke Bal 2006 sagt, auf die ich später zurückkommen möchte, soll doch Diskursen, die auf der Unvermitteltheit von Kunsterfahrung basieren – Kunst zuallererst als Ereignis oder Widerfahrnis bezeichnend – hier nicht gefolgt werden. Wie können wir Wirkungen und Effekte von Kunst als starkes Movens für die Vermittlung anerkennen, ohne Fragen der Subjektivierung durch Kunst, der individuellen und kollektiven Bedeutungsproduktion und der kulturellen Kontextualisierung auszuschließen?

Kontexte

Kunst ist so sehr unvermittelt wie ich einfach so Subjekt. Sie ist kulturell (mit-)bedingt, wenn auch nicht determiniert; von dieser Erkenntnis der Sozial- und Ideengeschichte möchte und muss ich ausgehen: Selbst Faszination und Einfühlung, lange als Belege der Unmittelbarkeit gehandelt, sind kulturell modulierte Phänomene. Wer fällt schon heute noch in Ohnmacht? Aber wen befällt nicht eine gewisse Ruhe in der Stille von Kunsträumen, in den heiligen Hallen und Orten von Ritualen des Rezipierens?[2] Aus der Tatsache, dass unsere Rezeption den Konventionen ihrer Zeit folgt, entwickeln viele künstlerische Arbeiten ihre Wirkmacht, ihre Hebel und ihre Strategien, obschon Akteur/-innen bzw. Kunstschaffenden das, was sie anstoßen, meiner Ansicht nach nicht als Intention oder Kalkül angerechnet werden kann. Gewisse Irritationen überdauern die Zeit, andere werden, wenn überhaupt, erst im Nachhinein ersichtlich. Manche Konzepte wirken dadurch, dass sie einen zeitlosen Raum oder eine nostalgisch-rückwärtsgerichtete Stimmung erzeugen. Andere bemühen sich um Direktheit. Latifa Echakhch scheint mir in ihren Installationen den Topos der Produktion als eine Figur des Danach, als Zuspätkommen der Betrachter/-in zu erzeugen: mit Arrangements, die immer „gemacht" und „verlassen" aussehen. Die vorgebliche Neutralität von Galerieräumen wird damit als Kälte, als Menschenleere, als Bühne vergangener Akte umgedeutet, von Akten, die schräge Spuren ohne Sinn hinterlassen.[3] Die Schweizer Performerin Dorothea Rust nimmt kernig-ländliche Sujets wie die Apfelernte und das Klettern, das Hantieren mit einem langen Seil oder einer Heugabel auf, um daraus Formen der Improvisation zu entwickeln, in denen sie Theorie verhandelt. Rusts Arrangements aus Körper, Raum, Bewegung und Objekt sind ein „bildlich gewendete[s] Zitieren" (Krämer 2008, S. 18 f.) von Gedanken, das das aktuelle Primat der Theorie in der Kunst nicht sprengt und doch verschiebt, während es sich lustvoll verausgabt: kletternd, rennend, fallend, sich schmutzig machend, zitierend.[4]

Diese Beispiele stehen für verschiedene Arten, sich auf Konventionen der Kunst zu stützen, sie entwickeln sich aus konkreten kulturellen Kontexten und sie werden von kulturell geprägten Personen, als konkrete, nicht ahistorische Subjekte rezipiert. Diese Arbeiten bzw. meine erzählte und mitgeteilte Rezeption von ihnen thematisieren Sehkonven-

Abbildung 1: Latifa Echakhch: The scene takes place, Ausstellungsansicht, Galerie Eva Presenhuber, 2013. Quelle: http://www.presenhuber.com/en/artists/ECHAKHCH_LATIFA/exhibition-views/slideshow.749eb6e9–58da-4b8 f.-9a78-c6c662cb0e06.9.html.

tionen bzw. Vorstellungen von Bild, installativer und aktionsbasierter Kunst, indem sie sie erschüttern, und auch wenn dies nicht intentional durchkalkulierbar ist, so kann es doch wirksam sein und werden. Dem Rezipieren kommt dabei eine wichtige Rolle zu. Dass Produktion allein, ungesehen und nicht diskursiviert, nicht wirkt, ist allgemeingültig. Seit den 1970er-Jahren wurde breit diskutiert, wie künstlerische Arbeiten Raum für die Ergänzung lassen, u. a. von Umberto Eco („offenes Kunstwerk"). Auch bei Nicolas Bourriaud („Postproduction") und unzähligen anderen Autor/-innen bis heute werden unterschiedliche Wege diskutiert, auf denen Betrachtende und Teilnehmer/-in die Arbeiten vervollständigen und sich dabei verändern.

Ich kann das eben Gesagte übrigens so einfach nur als Text und außerhalb der Situation erzählen: Diese Verwirrung in wohlgesetzten Reden der Vermittlung zu erläutern, bevor sie den Schauenden selbst

Abbildung 2: Dorothea Rust: Re-enactment, 2011, Kunstraum Klingental, Kaserne Basel. Quelle: http://www.dorothearust.com/.

Abbildung 3: Fernanda Gomes, Ausstellungsansicht Galerie Peter Kilchmann, 2013. Quelle: http://www.peterkilchmann.com/exhibitions/past/.

aufgeht, würde sie vermutlich wegerklären. In meiner Praxis als Kunstvermittlerin ist es denn nie nur die künstlerische Arbeit selbst, die in die Verhandlung gerät, sondern immer auch das, was um sie herum passiert ist: Das beginnt beim Material und endet nicht bei der Diskussion ums Gefühl. Kunst rezipieren, Kunst produzieren und Kunst vermitteln geschieht in einem immer schon zuvor hergestellten gesellschaftlichen Raum der Konventionen und Kategorien, der Machtverhältnisse und der Sprechmacht. Subjekte werden gemacht; in der Schule und auch im Angesicht von Kunst. Und nie alleine.

Die kulturellen Rahmungen dessen sind konstruiert und auch kontingent, durch Wiederholung erlernt und verfestigt – die erlernte Nicht-Zufälligkeit an sich kontingenter Phänomene. Die Bedeutung einer Farbe könnte auch ganz anders sein.[5] Schaue ich auf ein Weiß, kann ich mich schwer der Vorstellung von Leere, Reinheit oder Licht entziehen. Bei weißem Stoff denke ich an Laken, Leinen, Hospitäler und die Kapitulation im Krieg, oder an Bräute, Babys und Windeln, oder an leere Leinwände oder Sticktücher, je nachdem, welcher Stoff es ist und wie genau

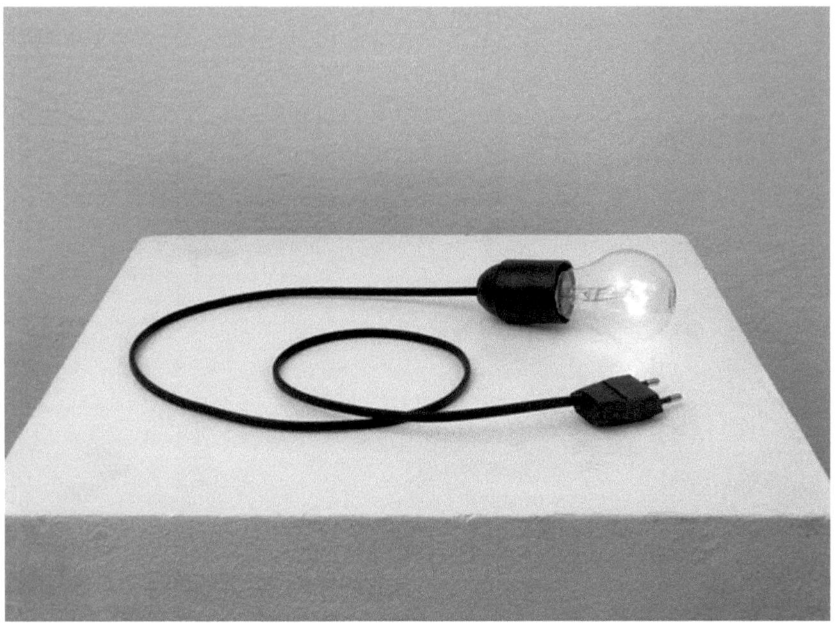

Abbildung 4 Vladimir Fishkin, Ausstellungsansicht Galerie Peter Kilchmann, 2013. Quelle: http://www.peterkilchmann.com/exhibitions/past/.

er dargeboten ist. Weißes Papier steht für die Vorstellung einer leeren oder unbezeichneten Fläche. Weißes Licht für Sichtbarkeit und Wissen. Doch weiß ich: Eben dieses Weiß ist anderswo die Farbe der Trauer. Als Mitteleuropäerin bin ich wohl Erbin der Aufklärung, die diese Farbe mit etwas verbunden hat: der Vorstellung von Licht, Wissen, etc.[6] Zugleich bin ich auch Zeugin dessen, was der sinnliche Eindruck mir übermittelt oder vorenthält. Ins Dunkle zu schauen bedeutet ganz real, nichts oder nur wenig zu sehen. Helles Licht dagegen macht Dinge überkonturiert sichtbar. Im Hellen zu stehen macht mir meinen Körper anders bewusst als ins Dunkle zu geraten. Und nicht zuletzt ist neben primären und sekundären Ebenen körperlich übermittelter und kulturell vermittelter Konnotationen oder Bedeutung auch an die Kunstdiskurse zu denken: Hier etwa an den neutralen, „weißen" Galerieraum der Moderne, den White Cube (O'Doherty 1986), inzwischen selbst ein Topos, den viele

Arbeiten aufgreifen, im White Cube und oder außerhalb von ihm, mit und ohne seine Hilfe.

Jeder leergeräumte Raum hat einen körperlichen Einfluss auf mich; er bedient oder erzeugt die bekannte Magie, die ein isoliertes Objekt oder einige wenige Farbtöne ästhetisch wirken lässt, die sie auratisiert oder sie die Voraussetzungen erfüllen lässt, als Kunst oder als gelungen angesehen zu werden. Und, ähnlich vielleicht, hat auch jede geordnete und sortierte Bildfläche, die adäquat mit ihren Mitteln, mit Form und Inhalt umgeht, einen visuellen Eindruck auf mich, weniger körperlich, aber unter Umständen ebenso emotional-affektiv wirksam werdend. Der Gebrauch von Weiß, Licht und Leere ist nur ein prominentes Beispiel, er steht exemplarisch für andere Strategien oder Konzepte, die deutlich machen können, wie kulturelle Rahmungen die Kunstrezeption beeinflussen, wie kollektive Diskurse und Praxen die Wahrnehmungen und Empfindungen einzelner herausfordern. Die schon genannte Dorothea Rust arbeitet mit der Architektur, indem sie die Räume während ihrer Performances verlässt oder vom Kunst- in den Alltagsraum hinüberwechselt. Ähnliche Bewegungsmuster liegen eigentlich der Kunstvermittlung zugrunde und bieten sich als Verhandlungsraum von Konventionen der Rezeption bzw. des Kunstfeldes an.

Affekte

Mit dem Argument der Kontext-Sensibilität, das nicht vergessen gehen soll, im Gepäck möchte ich einen Schritt weiter in neues Terrain gehen und weiterfragen. Wie können wir Affekt radikal in Vermittlungssettings einbeziehen? Wie kann Kunstvermittlung als eine ästhetische und soziale Situation gedacht werden? Wie gewinnen wir eine affektsensible Sicht auf ästhetische Erfahrung, die Phänomene wie Berührt-Sein, Schock, Ärger, Scham, etc. gelten lässt und ermöglicht, die sie verhandelt und zu diskursivieren versucht? Die Umsetzung in einen Diskurs müsste nicht notwendig bedeuten, zu entfremden und zu rationalisieren, sondern sie stellt eben den Versuch dar, Wege zu finden, eine Einsicht zu teilen oder mitzuteilen. Gefühle, Stimmungen, Atmosphären angesichts künstlerischer Arbeiten im Gespräch zu ergründen ist produktiv und mehr als verklärende Romantik. Notwendig ist es, dafür sichere Räume zu schaffen ohne die Gefahr, verlacht zu werden, und verlässliche Routinen des Dialogs, des Wort-Spielens und Begriffe-Erprobens, und es braucht die Leichtigkeit didaktischer Settings (doch, doch!) statt Bewertungen und Kommentierungen. Was alles notwendig ist, um solche Kulturen des Dialogs aufzubauen, ist eine echte – keine rhetorische – Frage, die hier vielleicht (un)beantwortet stehen bleiben muss. Als Kunstvermittlerin bin ich genau mit dieser Frage immer wieder neu beschäftigt.

Einen Einschub zum gerade sehr aktuellen Thema des Affekts zu machen, sei noch erlaubt: Derzeit werden in unserem Feld Affekte nicht nur als Gefühl oder Emotion übersetzt, wie es in der Psychologie verbreitet ist, sondern es wird über Ereignisse mit Schockwirkung, mit einer bestimmten Intensität, nachgedacht, die sich auf andere Quellen als die Messergebnisse der Neuropsychologie und -biologie stützen. Diese Lesart des Affekts stammt mit aus den bewusstseinskritischen Theorien der 1960er- und -70er-Jahre von Gilles Deleuze und Félix Guattari, die damit „keine Gefühle oder Affektionen [meinen], sondern [etwas, das] die Kräfte derer übersteig[t], die durch sie hindurchgehen" (Sturm 2011, S. 82). Affekte und Perzepte, wie Kunst sie auslöst, führte Eva Sturm aus, sind nicht unabhängig vom Zustand derer, die sie empfinden oder durch sie hindurchgehen, und doch sind sie auch gewissermaßen überzeitlich. So hat der Affekt nichts mit Gefühlen oder einem persönlichen Erlebniszustand zu tun, sondern ist „das Nicht-menschlich-*Werden* des Menschen" (Deleuze/Guattari 1996, S. 204). Das Werden ist ein Zustand, der Raum lässt, sich den Phänomenen anzuverwandeln, in einer Bewegung weg von „sich selbst".

Das liegt, neben vielem anderen, was dazu angemerkt werden könnte, nahe an Konzepten ästhetischer Erfahrung in der künstlerischen Kunstpädagogik, sofern sie als produktiv und „bildend" konzipiert wird: „Man ist nicht in der Welt, man wird mit der Welt, man wird in ihrer Betrachtung", schreiben Deleuze/Guattari (1974, S. 199), die ihre „bildlosen" Begriffe immer aus der Philosophie entwickeln und mit so paradoxen (oder, um in ihrer Sprache zu bleiben: schizoiden) Wendungen wie transzendentaler Empirismus arbeiten. Es wurde vielfach über Versuche der Übersetzung nachgedacht: Wie ließe sich das nicht-Menschlich-Werden übersetzen? Wie sich Anverwandlung produktiv machen?

Der Schlüsselterminus Affekt könnte, pragmatisch übersetzt, auch als Staunen oder Stocken oder als Lücke (Gap), als Ausfall der Sprache und der Reaktion, gedacht werden. Die Kunstwissenschaftlerin Mieke Bal situiert Affekt „zwischen einer Wahrnehmung, die uns beunruhigt, und einer Handlung, die wir zögern auszuführen" (Bal 2006, S. 9). Affekt, Stocken und Werden zugleich, ist eine Immanenzerfahrung, das heißt, wir bleiben dem Moment verhaftet – es gibt kein Außen oder kein Darüber-hinaus, weil das Handeln ausgesetzt wird – doch dies ist zugleich radikal zeitlich bzw. prozessual gedacht.

An der Vorstellung, dass diese Immanenz in gewisser Weise als Beweis einer Unvermitteltheit der Erfahrung gesehen werden könnte, lässt sich Kritik formulieren. So bilanzieren Sigrid Adorf und Maike Christadler, in letzter Zeit lasse sich ein Interesse an der Konzeptualisierung von Affekt beobachten, „das die Hoffnung auf einen gleichsam direkteren Bezug zwischen Mensch und Welt widerspiegelt" (Adorf/Christadler 2013). Es gelte, aktuelle Diskurse um Affekt daraufhin zu prüfen, inwiefern sie die „Hoffnung auf Begegnungen, die nicht von der Bedeutungslast kultureller Konstruktionen vorgeprägt sein sollen" (ebd.), schüren oder inwiefern sie emanzipatorische Kritik ermöglichen. Die Autorinnen verweisen zu Recht darauf, dass ein Fehlen kultureller Kontexte und Relationen die Gefahr birgt, die Gegenwärtigkeit und Intensität des Ereignisses zu verabsolutieren. Zurecht halten Adorf/Christadler fest, dass damit ein Versprechen an der Kunst festgemacht wird, als ästhetischer Ausnahmefall jenes direkteren Bezuges zur Welt zu fungieren, in dem ich „mich" vergesse (und verliere), aber zugleich (um)forme und (neu) bilde. Aber, selbst wenn etwas mich ganz gefangen nimmt: Setzt nicht danach das Denken umso rascher und klarer ein?[7]

Kunstvermittlung

Was Kunstvermittlung tut, ist nicht unbeleckt von gegensätzlichen Schemata, von der Mythisierung oder Rationalisierung von ästhetischer Erfahrung; sie schlägt sich mit dem herum, was an Hoffnungen und Wirkversprechen auf Kunst projiziert wird. Als Praxis und für ihre Theoriebildung ist sie darauf angewiesen, dass sich etwas *ereignet,* über das zu berichten lohnt, dass also, mit Sturm gesagt, *etwas trifft;* und dass diese Erfahrung bzw. etwas davon *mitgeteilt* wird. Beispiele für solche Formen bedürfen künstlerischer Situationen, „in denen Rezeption nicht nur ohnehin strukturell [...], sondern konzeptionell und explizit zur Teilhabe wird" (Sturm 2011, S. 90). Sie finden sich in den Bereichen von Aktion oder Performance und im kunstnahen, forschenden Lernen; in ästhetischen Situationen[8] also, bei denen die Anwesenden Teil dessen sind, was passiert, ohne dass sie notwendig produzierend tätig werden in einem herkömmlichen künstlerischen Sinne. Oder, von Sturm mit Deleuze/Guattari gesprochen:

> „So könnte die Position der Vermittlerin oder des Vermittlers [...] etwa so beschrieben werden: einen Raum herstellen, den Raum mit sich herumtragen, eine Zeit ermöglichen, die Zeit in Turbulenzen versetzen, Schlitze im Schirm aufnehmen, weitertragen, provozieren, zuhören, fortsetzen, was Kunst jeweils kennzeichnet, die ganze Zeit im Medium sein und selbst Medium herstellen, mit und ohne Absicht, und damit einen sozialen Raum aufmachen, im Weg stehen und daneben, vielleicht Ereignisse oder anderes, ‚das trifft', provozieren, und all dies thematisch machen, direkt und indirekt. Liegt solche Kunstvermittlung vor, so könnte man mit Pierangelo Maset von ‚künstlerischer Kunstvermittlung' sprechen." (Sturm 2011, S. 124 f.)

Die Bestimmung „künstlerisch" weitet auch meiner Ansicht nach den Begriff dessen aus, was Kunstvermittlung sein kann (wenn sie nicht normativ, sondern deskriptiv gemeint ist): hin zu Situationen der Kunst; als eine nicht notwendig außerhalb oder innerhalb von bestimmten Institutionen (Schulen, Museen, Kunsträumen) stattfindende Praxis, die mit, an, durch, von Kunst aus agiert; und die etwas *provoziert,* das trifft. Sie definiert sich eher durch die Haltung, mit künstlerischen Methoden etwas anzustoßen – zu affizieren? –, als etwas Handgreifliches zu produzieren. Und damit ist auch, das bilanziere ich hier nur, der Werkbegriff verunklärt oder ausgesetzt, und Autorschaft verliert an Relevanz: Im heutigen kunstpädagogischen Diskurs verweisen Begriffe wie Prozess und Konzept, Ereignis und Rezeption ohnehin deutlich auf die Gegenwartskunst.[9]

Eine Kunstvermittlung in diesem Sinne aber stellt grundlegende Paradigmen der Kunst infrage – sie geht über deren bisherige Diskussion um Partizipation hinaus, die diese als konstitutiv für ein Werk setzen mag und dabei doch den Werkbegriff nicht unbedingt aufgibt. Auf welcher Seite siedeln wir die Kunst an, wenn überhaupt? Was ist der Stellenwert der Rezeption? Oder dessen, affiziert zu werden? Kann ich Rezeption, die Rezeption der anderen, rezipieren?

Zum Abschluss möchte ich zwei thesenartige Fragen und ein Fazit, ebenso in Frageform, entwickeln. Die erste Frage betrifft den Status der Rezeption: Wenn wir versuchen, Rezeption als Aktion bzw. Aktivität zu sehen, als affektive und (un)bewusste Produktion statt als Konsum, wechselt sie dann nicht den Status? Sie ist anerkannt, selbst Produktion, selbst produktiv. Anwesende werden Teil der Arbeit, Dabeistehende tragen, jetzt oder möglicherweise später, zu einer Arbeit bzw. ihrer Rezeption bei. Inwiefern kann, muss, darf es jetzt mehrere adäquate oder korrekte Formen der Rezeption geben? Ließe sich das anders als eine Erleichterung, als Moment von Empowerment von Schüler/-innen, von Lernenden und anderen in Gruppen Teilnehmenden denken, die das, was vor sich geht, nicht selbst vorbereitet haben und doch Teil dessen sind? (Natürlich hebt das Machtbeziehungen im Kunstfeld nicht auf!) Die zweite Frage betrifft das Individuen-Übergreifende, das in der Vorstellung von Affekt mitbegründet liegt. Wenn Affekt ein geteiltes oder mit-geteiltes *Bewegt-Sein* ist, welche Form von Gemeinschaft ist dann in der Kunst/Kunstvermittlung möglich? Welches Werden? Welche Formen des Sprechens und Handelns? Und (wie) kann dies wiederum ‚treffen'?[10] Zuletzt, und ganz bewusst frage ich das auch im Kontext von Lehre oder Unterricht: Was wäre also, wenn wir Kunst (als Situation) stattfinden lassen? Ohne etwas zu Produzierendes vorzugeben, jedoch ohne ein Produzieren auszuschließen? Wie würden wir Rezeption – performativ – gestalten? Was wäre, wenn?[11]

Anmerkungen

1 Zum Begriff der Anwendung bzw. des Angewandten vgl. Pazzini 2015, S. 51–67, zuerst erschienen 2000 unter dem inzwischen populären Titel „Kunst existiert nicht, es sei denn als angewandte" in Tatort Kunst (Thesis Band 2, 2000 Weimar) und in *BdK-Mitteilungen* 2/2000.

2 Neben dem kontemplativen („wie schön") und dem interpretatorischen Ritual („was es wohl bedeutet") hat sich freilich auch eine dritte und nicht minder rituelle Form, die konsumgeleitete Betrachtung, eingebürgert, die

Arbeiten als Ding oder eher Ware wertschätzt oder ablehnt und dazu Kategorien des Gefallens aufstellt („würde ich es kaufen").

3 Galerie Eva Presenhuber Zürich, Latifa Echakhch: *The Scene Takes Place,* 1.11.–14.12.2013.

4 Vgl. Settele 2013. Beide Künstlerinnen leben in der Schweiz, Echakhch in Martigny, Rust in Zürich.

5 Wie eine bei Peter Kilchmann gesehene Gruppenausstellung, die drei mit minimalsten Mitteln arbeitende Positionen zu Raum und Objekt zeigte, die mit viel Weiß und Materialästhetik, mit viel Formalismus und Humor die „weiße Kiste" thematisieren. *Group Show: Vadim Fishkin, Fernanda Gomes, Andreas Lolis,* 1.11.–21.12.2013.

6 Ein kurzer, wenn auch wichtiger Einschub betrifft die körperliche und rassisierte Dimension von „Farbe". Mir ist mehr als bewusst, dass Farbe in Kontrastierung von dunkel zu hell als Kennzeichen ethnischer und/oder sozialer Zugehörigkeit gilt und gesellschaftlich mit entsprechend weitreichenden Konnotationen belegt ist. Die Komplexität dessen für gemeinsam in der Kunstvermittlung Anwesende sei hier nur angedeutet.

7 Vgl. Adorf/Christadler 2013.

8 Zum Begriff der (ästhetischen) Situation vgl. Raunig 2000, zit. n. Sturm 2011, S. 292 f.

9 Als Gegenwartskunst wird, nach einer Definition von Verena Krieger und im Unterschied zu zeitgenössischer Kunst, die Kunst seit den 1950er-Jahren bezeichnet.

10 Wir sollten neue Formen finden, um Rezeption und Teilhabe wertzuschätzen. Um eine Bewertung oder Benotung im üblichen, schulischen Sinne kann es dabei nicht gehen, eher darum, Bewertung neu zu denken. Ich schließe mich Eva Sturms Frage an, was „im Prozess der mit-geteilten Rezeption" passiert (Sturm 2011, S. 91). Worin besteht die Differenz, die sich ergibt, wenn Subjekte „Sinn machen"?

11 Dieser Text erschien in einer früheren Fassung in *Heft* Nr. 7 (Kunst unvermittelt), Publikation des Verbandes der Schweizer Lehrerinnen und Lehrer für Bildnerische Gestaltung LBG-EAV.

Literatur

Adorf, Sigrid & Maike Christadler (2013). CFP: New Politics of Looking? – Affekt und Repräsentation, in: *H-ArtHist,* 20.01.2013. http://arthist.net/archive/4556.

Bishop, Claire (Hg.) (2006). Participation. London/Cambridge: MIT-Press.

Bourriaud, Nicolas (2009). Postproduction. Berlin: Merve.

Brenne, Andreas, Andrea Sabisch, Ansgar Schnurr & buko (Hg.) (2012). revisit. Kunstpädagogische Handlungsfelder. #teilhaben #kooperieren #transformieren. Kunst Pädagogik Partizipation 2. München: kopaed.

Eco, Umberto (1977). Das offene Kunstwerk. Frankfurt/M.: Suhrkamp.

Deleuze, Gilles & Félix Guattari (1996). Was ist Philosophie? Frankfurt/M.: Suhrkamp.

Deleuze, Gilles & Félix Guattari (1974). Anti-Ödipus. Frankfurt/M.: Suhrkamp.

Heil, Christine, Gila Kolb & Torsten Meyer (Hg.) (2012). shift. #Globalisierung #Medienkulturen #Aktuelle Kunst. Kunst Pädagogik Partizipation. Bd. 1. München: kopaed.

Hennig, Anke, Brigitte Obermayr, Antje Wessels & Marie-Christin Wilm (Hg.) (2008). Bewegte Erfahrungen zwischen Emotionalität und Ästhetik. Zürich/Berlin: Diaphanes.

Krämer, Sybille (Hg.) (2008). Einleitung, in: dies.: Performativität und Medialität. München: Fink, S. 13–32.

O'Doherty, Brian (1986). Inside the White Cube. Berlin: Merve.

Pazzini, Karl-Josef (2015). Kunst existiert nicht, es sei denn als angewandte (orig. 2000), in: ders.: Bildung vor Bildern. Kunst Pädagogik Psychoanalyse. Bielefeld: Transcript, S. 51–67.

Raunig, Gerald (2000). Wien Feber Null. Wien: Passagen.

Settele, Bernadett (2013). Dorothea Rust: ‚Floating Gaps'. Affektive Politiken von Performance-Kunst zwischen Erinnerung und Ereignis, in: *FKW Zeitschrift für Geschlechterforschung und visuelle Kultur* 55, online: https://www.fkw-journal.de/-index.php/fkw.

Settele, Bernadett (2010). Performing the Vermittler_in, in: *Art Education Research* 2, Kunst [auf]führen, online: http:/iae-journal.zhdk.ch/no-2/.

Sturm, Eva (2011). Von Kunst aus. Kunstvermittlung mit Gilles Deleuze. Wien: Turia + Kant.

Sturm, Eva (2005). Vom Schießen und vom Getroffen-Werden: Kunstpädagogik und Kunstvermittlung „von Kunst aus". *Kunstpädagogische Positionen* 7. Hamburg: Hamburg Univ. Press.

Kerstin Hallmann

Anmerkungen zu einer Kunstvermittlung als Praxis des Erscheinens

Kunstmuseen verstehen und legitimieren sich heute mehr denn je als Bildungsinstitutionen in denen die Vermittlung von Wissen eine bedeutende Rolle einnimmt. Die seit über zweihundert Jahren zentralen musealen Aufgaben des Sammelns, Forschens und Bewahrens werden heute durch eine Besucherorientierung ergänzt, die es sich zur Aufgabe macht, immer wieder neue Ziel- bzw. Randgruppen zu erschließen und teils immer ausgefallenere Beteiligungsmöglichkeiten zu entwickeln. Menschen aller Altersstufen und Interessenlagen, Führungen bei Tag oder bei Nacht, interkulturell oder interreligiös – ja selbst für junge Eltern gibt es spezielle Angebote, damit auch sie „Kunst und Baby" gleichzeitig genießen können (Vgl. Kunsthalle Bremen 2015).

Die historische Entwicklung der museumspädagogischen Vermittlungsarbeit begann – um es hier nur knapp zu skizzieren – mit der bildungsbürgerlich motivierten, intellektuellen Aneignung kulturellen Kapitals, die mit mehr oder weniger bewussten Distinktionen zu anderen Bevölkerungsklassen verbunden war. Sie hat sich hin zu einem aktuell zu beobachtenden Abbau von Schwellenängsten gewandelt, mit dem Anspruch Kunstmuseen für alle zu öffnen. Durch die intensive Publikumsorientierung der letzten Jahrzehnte wird den ehemals passiv-rezeptiven Besucher/-innen mittlerweile eine wesentlich aktivere Rolle als Lernende, aber auch als Konstrukteure von Wissen zugesprochen. Reussner kommt daher zu dem Schluss, dass „(...) eine Verschiebung des Konzeptes musealer Bildung weg von der Vermittlung hin zu subjektiven Konstruktionen von Wissen (...)" zu verzeichnen sei (Reussner 2007, 22). Bedeutsam werden damit Fragen nach den Bildungssubjekten, ihren individuellen Bedürfnissen, Interessen und Aufmerksamkeiten. Gefragt werden muss allerdings auch, welche Rolle die Kunst in der Vermittlung derzeit einnimmt bzw. zukünftig wieder einnehmen sollte. Der Aktionismus vieler ambitionierter, museumspädagogischer Angebote erweckt zuweilen den Eindruck, dass hier die eigentliche Kunst in den Hintergrund tritt. Die Idee Kunst sei für Jeden mithilfe des „richtigen"

Abbildung 1: Selfie im Museum

Beteiligungsevents vermittel- und damit auch verstehbar, läuft dabei Gefahr das eigentlich brisante Potenzial von Kunst zu verkennen, zu verharmlosen oder gar einzuebnen.

In diesem Zusammenhang möchte ich einen Aspekt erörtern, der in den letzten Jahren wieder verstärkt diskutiert wurde. Es geht um die Frage, wie uns etwas *erscheint* und was uns im phänomenologischen Sinne in der Begegnung mit Kunst anspricht. Denn das, was in der Kunsterfahrung erscheint, ist nicht einfach das, was man sieht. Es ist da, präsent, drängt sich auf und entzieht sich dem sinnesfokussierten, sowie begriffsfixierenden Zugriff. Kunst widersetzt sich einer einfachen Wiedererkennbarkeit und lässt sich nicht nahtlos mit Alltagserfahrungen gleichsetzen. Sie birgt das Potenzial „(...) ästhetische und epistemische Verwunderungsaffekt(e) zu nähren und an immer neuen Gegenständen zu schulen (...)" (Ott 2014, 17). Michaela Ott macht auf die Sperrigkeit und Unbequemlichkeit von Kunst aufmerksam, welche ein Zögern, Innehalten und Unterbrechen der gewohnten Rezeptionsweisen verlange (Vgl. Ott 2014, 17). Der Stellenwert von Kunst für Bildungsprozesse erweist sich hier als eine Möglichkeit, Wahrnehmungsgewohnheiten zu durchbrechen und könnte Wahrnehmungsprozessen ihre genuine Bedeutung im Sinne von Aisthesis zurückerstatten. Warum ist das Aussetzen automatisierter Wahrnehmungsreaktionen in unserer Zeit so wichtig? Lässt sich dies überhaupt in Vermittlungssituationen inszenieren? Wie muss sich die Arbeit in Kunstmuseen wandeln, damit sie zu einer Praxis des Erscheinens werden kann?

Die beschleunigte Verlagerung vieler Funktionen menschlicher Wahrnehmung und Erkenntnis in digitale Informations- und Bildtechnologien sind allgegenwärtig und lassen sich als grundlegend für die Wahrnehmungsbedingungen im 21. Jahrhundert kennzeichnen. Sie beeinflussen unser Gefüge von Sinneswahrnehmung, Denken und Erinnerung. Längst leben wir, so Jean-Luc Nancy in einer Kultur, in der das Erkennen und Wiedererkennen von Formen dominiere (Vgl. Nancy 2002, 20). Im Gegensatz dazu birgt die Begegnung und Auseinandersetzung mit Kunst das Potenzial, der Engführung und Funktionalisierung von Wahrnehmungs- und Erkenntnisweisen entgegen zu wirken. Anders als in Alltagssituationen lassen sich an und mit Kunst ästhetische Erfahrungen erleben, die irritieren, verwirren und uns an die Grenzen des Verstehbaren führen. Für Theodor W. Adorno konfrontiert uns die Kunst in besonderer Weise mit dem Unsagbaren, Rätselhaften und Unbegreiflichen (Adorno 1995, 179 ff.). Darin liegt die Brisanz von Kunst, denn dadurch vermag sie die Radikalität und Universalität des Verstehens in Zweifel zu ziehen. Künstlerische Arbeiten werden in dieser Perspektive als widerständig, irritierend, störend und affizierend verstanden, die zum Anlass für subjektive Bildungsprozesse werden können. Die Konfrontation mit ihnen erfordert eine zeitweise Befreiung der zweckmäßigen Ausrichtung von Wahrnehmung auf das Erkennen und Wiedererkennen visueller Symbolisierungen. Wahrnehmung bedeutet dann nicht die Aktualisierung einer vorgegebenen Interpretation, sondern die Arbeit an *Unbekanntem.* Es verlangt, an dem was uns anspricht, was sich uns zugleich entzieht, aber genau deshalb beunruhigt und herausfordert, zu forschen.

Das ist unbequem und lässt sich nicht im Vorbeigehen durch vorgetragene Wissensvermittlung erreichen, welche nur Daten liefert. Gemeint sind aber auch nicht frei assoziierte Gefühlsäußerungen, die ins Beliebige abdriften und dadurch den Bezug zur Kunst verlieren. Das Spezifische der Kunst beansprucht vielmehr die Aufmerksamkeit für das, was uns im phänomenologischen Sinne erscheint, was sich in der *Fülle* synästhetischer Wahrnehmung ereignet und so zum entscheidenden Anlass der Aneignung von Kunst wird. Explizit wird dies durch künstlerische Strategien seit den 1960er Jahren, die sich durch offene und intermediale Praktiken kennzeichnen und die eine ästhetische Theorie des Erscheinens relevant werden lassen. Mit der Entgrenzung der Künste haben sich auch die Bedingungen für deren Rezeption geändert. Statt einer kunsthistorisch verbürgten Werkauslegung wird die Erfahrung, die von der *Wirkung* einer künstlerischen Arbeit auf uns ausgeht, relevant. Dementsprechend kommt den Besucher/-innen eine aktivere Rolle zu, denn erst durch ihre Aneignungen und ihre Interpretationen wird das Werk zum Werk – auch wenn sich dieses letztendlich immer wieder entzieht. Juliane Rebentisch kommt daher zu folgendem Schluss: „Wir können die Kunst nie abschließend kennen, sondern immer wieder neu nur in ihrer Potenzialität anerkennen, indem wir uns erneut auf sie einlassen" (Rebentisch 2013, 37). Erforderlich wird dadurch ein Abstand zur zweckmäßig ausgerichteten Inanspruchnahme des Bewusstseins durch Bestimmungs- und Erkenntnisleistungen und eine Wachheit für die Präsenz von Phänomenen. Der Beginn von Wahrnehmungserfahrung und Erkenntnisbildung kann dementsprechend nicht als Initiative eines zielorientierten Aktes begriffen, sondern muss als eine Art *Aufmerken* verstanden werden, das durch etwas geweckt wird und aus der Fülle des Erscheinens heraustritt, ohne bereits als etwas bedeutsam geworden zu sein (Vgl. Mersch/Waldenfels 2013, 178).

Die Herausforderung für die Vermittlungsarbeit in Kunstmuseen schließt hier an und besteht darin, Situationen zu inszenieren, die das Potenzial haben zu einer *Praxis* des Erscheinens zu werden. Es geht um eine Kunstvermittlung, die auf ästhetische Erfahrungen setzt, die sich offen halten für die Fülle des Wahrnehmungsaugenblicks in der Präsenz der wahrzunehmenden Situation. Dies eröffnet Möglichkeiten der Begegnung mit dem, was uns an Kunst irritiert, befremdet und dadurch zur wiederholten Aneignung herausfordert. Um heute befremdet zu werden, bedarf es keiner spektakulären Events oder belangloser Wohlfühlprogramme, sondern „(...) ungewöhnlicher Vorgehensweisen, kunstnaher Praktiken, dezidierter Rahmungen und übernormaler Zeitgebungen, die sich der Reproduktion ästhetischer und epistemischer Stereotypen entziehen" (Ott 2014, 17).

Literatur

Adorno, Theodor W. (1995). Ästhetische Theorie. Frankfurt a. M.: Suhrkamp Taschenbuch Verlag, (Originalausgabe 1973).

Hallmann, Kerstin (2016). Synästhetische Strategien in der Kunstvermittlung. Dimensionen eines elementaren Wahrnehmungsphänomens. München: kopaed.

Kunsthalle Bremen: Ein Tag Kunst (nicht nur) für Kinder – Einblicke in die Vermittlungsarbeit der Kunsthalle Bremen. In: www.kunsthalle-bremen.de/programm/ueberblick-1/(abgerufen am 18.08.2015).

Mersch, Dieter & Waldenfels, Bernhard (2013). Erscheinen und Ereignis. In: M. Fliescher, F. Goppelsröder, D. Mersch (Hg.), Sichtbarkeiten 1: Erscheinen. Zürich: Diaphanes, S. 173–183.

Nancy, Jean-Luc (2002). Zum Gehör. Zürich, Berlin: diaphanes.

Ott, Michaela (2014). Zurück auf Anfang: Bildung als Verwunderung. In: A. Sabisch, T. Meyer, E. Sturm (Hrsg.), Kunstpädagogische Positionen, Band 31.

Rebentisch, Juliane (2013). Theorien der Gegenwartskunst zur Einführung. Hamburg: Junius.

Reussner, Eva M. (2007). Wissensvermittlung im Museum – ein überholtes Konzept? In: Kulturmanagement Magazine Nr. 5, S. 20–23.

Bildnachweis:

Abbildung 1: Selfie im Museum © Kerstin Hallmann 2016.

Tibor Kliment

Besucherforschung und Museum

Praktische Hinweise zu einem schwierigen Verhältnis

Besucherforschung in Deutschland

Anders als die Museen im internationalen Raum, und dabei speziell im angelsächsischen Bereich, etabliert sich eine systematische Besucherforschung in Deutschland nur langsam. Die stark auf Ticketverkäufe und Sponsoring abgestellte Finanzierungssituation, speziell der Museen in Großbritannien und der Vereinigten Staaten, brachte von Anfang an die kommerzielle Notwendigkeit mit sich, ein möglichst großes Publikum zu gewinnen. In Großbritannien wurde die Publikumsentwicklung in großem Maßstab durch den Anspruch von New Labour angestoßen, für alle Bevölkerungsgruppen Programme zu entwickeln und speziell sozial benachteiligte Segmente in das kulturelle Leben zu integrieren. Dieser Anspruch mündete in großangelegte Programme, die das Museum als Lernort akzentuierten und durch eine äußerst umfangreiche Begleitforschung gestützt wurden.[1]

In Deutschland ist das Kulturpublikum dagegen von traditionell untergeordneter Bedeutung, was mit der weitgehend öffentlich gesicherten Finanzierung und dem historisch andersartig geprägten Kulturverständnis hierzulande zu tun hat. Beobachtet wird ein stark bildungsbürgerlich geprägter Kulturbegriff, der das Wahre, Schöne und Feiertägliche im Museum zelebriert, und weder durch marktwirtschaftliche Zwänge noch durch Publikumswünsche eingeschränkt werden dürfe. Das Kulturangebot solle daher möglichst aus kunstimmanenten Motiven heraus bestehen, weitgehend unbeeinflusst von Nachfragepräferenzen und politischer Einflussnahme (Mandel 2012, S. 18 f.).

Immerhin mehren sich auch in Deutschland die Bemühungen, die Besucher/-innen stärker in den Mittelpunkt zu stellen. Speziell bei den öffentlich finanzierten Museen, und diese stellen die weit überwiegende Mehrheit aller Museen dar, ist eine Tendenz erkennbar, Publikumsstrukturen zu erforschen und den Besucher/-innen mit seinen spezifischen Bedürfnissen und Motiven systematischer in den Planungs- und Gestaltungsprozesse zu integrieren. So hat nach einer Befragung des Zentrums für Audience Development zwischen 2002 und 2006 jede zweite öffentlich geförderte Kultureinrichtung selbst Besucherforschungsprojekte durchgeführt. In einer aktuellen Studie von Paatsch unter 130 Museen in Westfalen-Lippe gaben 48% der teilnehmenden Museen an, in den letzten fünf Jahren eine oder mehrere Besucherbefragungen durchgeführt zu haben (Paatsch 2014, S. 134 f.). In einer umfangreichen Durchsicht zahlreicher Besucherstudien aus Deutschland und der Schweiz von Wegner wird eindrucksvoll aufgezeigt, wie sich die Besucherstrukturen und Museumsrezeption in verschiedenen Museumstypen darstellen und welche differenzierten Ergebnisse die Forschung zu Tage fördert (Vgl. Wegener 2012, 106 ff.). Jenseits dessen sind umfassende Übersichten über die Besucherforschung kaum verfügbar. Dies ist zum einen der großen Zahl an Akteur/-innen geschuldet, die Besucherforschung heute durchführen – angefangen von den Museen selbst über Universitäten und Hochschulen, auf Kulturforschung spezialisierte Institute bis hin zu klassischen Marktforschungsunternehmen. Zum zweiten handelt es sich bei vielen Studien um Auftragsforschung, die der wissenschaftlichen Öffentlichkeit selten zugänglich gemacht wird.

Besucherforschung und kulturelle Teilhabe

Man darf annehmen, dass die Bedeutung der Besucherforschung aufgrund der wachsenden Herausforderungen, denen sich Museen heute stellen müssen, zugenommen hat. Museen konkurrieren heute um das finanzielle und zeitliche Budget ihrer Besucher/-innen mit einer Vielzahl von Freizeitangeboten. Sie sehen sich wachsendem politischen Legitimationsdruck und sinkenden öffentlichen Zuweisungen ausgesetzt. Der Druck, das Museumspublikum zu finden und zu binden, steigt deutlich, wird aber immer schwerer.

Die kulturelle Teilhabe erfährt aus verschiedenen Richtungen Gegenwind. Untersuchungen der letzten Jahre gehen übereinstimmend davon aus, dass sich die soziale Differenzierung bei der Teilnahme am kulturellen Geschehen nicht verringert hat. Das Alter, das Geschlecht und insbesondere die formale Bildung der Menschen prägen heute in ähnlicher Weise den Besuch von Kulturinstitutionen, wie dies etwa schon in den 90er Jahren der Fall war. Statt einer Schließung der sozialen Schere beobachtet man das Gegenteil.[2]

Vermutlich ist die Schwierigkeit, das junge, heranwachsende Publikum anzusprechen, die langfristig drängendste Herausforderung. Zwar beobachtet man die Ausbreitung höherer Bildungsabschlüsse in den jüngeren Altersgruppen. Und es gilt auch, dass die formale Bildung für die kulturelle Teilhabe heute wichtiger ist als vor Jahren. Dies bedeutet aber nicht, dass kulturelle Angebote bei jüngeren Menschen automatisch einen höheren Zuspruch erfahren. War früher die Wertschätzung von Hochkultur ein wichtiges Element des bildungsbürgerlichen Selbstverständnisses und Teil eines gehobenen Lebensstils, so zeigen die Jüngeren und höher Gebildeten heute ein deutlich geringeres Interesse. Zwar bleibt die Bildung ein entscheidendes Moment des Museumsbesuchs und die Schulen konnten ihre Vermittlungsanstrengungen in den letzten Jahren steigern. Dennoch wenden sich heute die jüngeren Menschen weniger den Hochkulturangeboten zu. Und es gibt keinen Automatismus der Gestalt, dass sich die jungen Generationen mit fortschreitendem Lebenszyklus irgendwann doch den Museen zuwenden werden. Das Publikum, das heute kulturfern ist, wird es vermutlich auch in höherem Alter bleiben.[3]

Den Bemühungen um die Jugend stehen in den letzten Jahren die verstärkten Aktivitäten um die Älteren in den Museen gegenüber. Diese stellen nach wie vor das Gros der Besucher/-innen und sind gleichsam die „natürliche" Zielgruppe der Museen. Sie gelten als offen und kulturinteressiert, mit genügend Fitness, Freizeit und Einkommen ausgestattet, und erscheinen als vergleichsweise leicht zu gewinnendes Publikum. Differenzierte Angebote für Senioren bis hin zu speziellen Programmen für Alzheimerbetroffene berücksichtigen die unterschiedlichen Möglichkeiten im Segment der 50+ Generation.

Der sich abzeichnende Rückgang des traditionellen bildungsbürgerlichen Kulturpublikums wird flankiert durch einen wachsenden Anteil von Personen mit Migrationshintergrund. Menschen mit islamischem Glaubenshintergrund lassen sich in Kombination mit geringer Bildung und schlechter Deutschkenntnisse durch klassische Formen der Hochkultur tendenziell schwerer ansprechen oder distanzieren sich von ihr (Vgl. Mandel 2013, S. 26 ff.).

Neben den demografischen Wandel tritt der kulturelle Wandel, der mit Begriffen wie Erlebnisorientierung oder Eventkultur umschrieben wird. Die Kulturinstitutionen und speziell die Museen haben sich in den letzten Jahren diesen Trends angepasst, um attraktiver und wettbewerbsfähiger zu werden. Spektakuläre Events mit Unterhaltungswert, wie etwa Lange Museumsnächte, sollen insbesondere kulturferne Gruppen anziehen und binden. Dies kann durchaus gelingen (Vgl. Kliment, 2011). Zugleich wird von Beobachtern kritisch auf die Gefahr hingewiesen, dass Spektakel und Amusement die Wahrnehmung der Kunst zu überlagern drohen.[4]

Diese kurzen Überlegungen verdeutlichen die vielfältige Notwendigkeit für die Museen, das Publikum differenziert zu erkunden und seine gewandelten Rezeptionsansprüche in die eigene Arbeit zu integrieren. Besucherforschung leistet dazu einen ganz wesentlichen Beitrag. Die folgenden Darlegungen geben einen kurzen Überblick über die wichtigsten Formen der angewandten Besucherforschung, erläutern die typischen Herangehensweisen, und geben praktische Hinweise dazu, wie Forschung für das Museum nutzbringend gestaltet werden kann.

Themen und Methoden der Besucherforschung

Die Besucherforschung hat sich hinsichtlich der Fragestellungen und der zu ihrer Beantwortung eingesetzten Methoden stark ausdifferenziert. Standen in der Anfangsphase deskriptive Fragen im Vordergrund, wo das Publikum vorrangig nach seiner demografischen Struktur untersucht wurde, hat sich die Perspektive stark ausgeweitet. Relevante Untersuchungsbereiche sind heute:

- Demografische Merkmale, wie Alter, Geschlecht, geografische Herkunft und insbesondere die formale Bildung
- Der Besuchsmodus, die Häufigkeit des Besuchs, die Begleitkonstellation etc.
- Die Besuchsinteressen, -anlässe und -motive
- Die Nutzung des Ausstellungsangebots mit Blick auf Dauer-, Sonderausstellungen oder einzelne Exponate
- Die Inanspruchnahme und Bewertung von Vermittlungsangeboten, wie Guides, Führungen, Beschriftungen, interaktive Stationen etc.

- Die Wirkungen des Museumsbesuchs, zum Beispiel mit Blick auf Wissen, Interessen, Einstellungen, künftige Museumsnutzung etc. der Besucher/-innen
- Die Beurteilung von Infrastruktur und Service des Museums (Garderoben, Shop, Kartenverkauf, Restaurant etc.)
- Die Nutzung und Bewertung der internen und externen Informationsangebote

Dabei bedient sich die Besucherforschung zumeist quantitativer, standardisierter Methoden. Das Ziel ist dabei, an verallgemeinerungsfähige Daten, möglichst über die Gesamtheit der Besucher/-innen, zu kommen. Demzufolge gehört dann auch die Befragung in Form von meist geschlossenen Fragen zu der verbreitetsten Methode. Mit weitem Abstand folgen Beobachtungsverfahren, die zum Beispiel gezielte Informationen über Laufwege und die Nutzung von Vermittlungsangeboten generieren können, oder die Dokumentenanalyse, die etwa bei der Analyse von Besucherbüchern Anwendung findet. Qualitative Instrumente, insbesondere offene, nicht-standardisierte Interviews als Einzel- oder Gruppenbefragung, werden demgegenüber weit seltener eingesetzt. Sie benötigen in der Durchführung psychologisch besonders geschulte Interviewer und Moderatoren, können aber zu einzelnen Aspekten der Ausstellung oder zur Vermittlung detaillierte, anschauungsreiche und sehr umsetzungsnahe Erkenntnisse vermitteln.

Diese Fragestellungen und die jeweils eingesetzten Methoden finden ihr Gefäß üblicherweise in übergreifenden Konzepten, wie sie durch verschiedene Typen der Museumsevaluation repräsentiert werden. Diese werden im Folgenden kurz dargestellt.

Besucherforschung als Evaluationsforschung

In Deutschland wird die Besucherforschung zumeist mit dem Begriff der „Evaluation" gleichgesetzt. Da sich die Erforschung des Publikums räumlich, zeitlich und sachlich im Kontext des Museumsbesuchs abspielt, ist der Begriff der Evaluation durchaus anwendbar. Gleichwohl bedeutet Evaluation, dass es etwas zu Vermessendes und Bewertendes gibt, sei es die Akzeptanz einer Ausstellung, die Wirkungen eines Programms oder die Nutzung von Vermittlungsangeboten. Eine davon losgelöste, reine Beschreibung des Publikums nach seiner sozialen Struktur oder psychologischen Befindlichkeit kommt in der Tat kaum vor. Dagegen etwas häufiger und zunehmend bedeutsamer sind die sogenannten Nicht- oder Fast-Besucherstudien, die aus einer stärker marketingorientierten Perspektive die Gewinnung zusätzlicher Zielgruppen neben den vorhandenen Besucher/-innen anstreben. Die Erkundung von Besuchshemmnissen und Hürden gegenüber dem Museum und, im Zusammenhang damit, die Verbesserung der internen und externen Kommunikation stehen hier im Mittelpunkt.

Für die Evaluation eines Museums, das heißt die Bewertung des gesamten Objekts, spezifischer Ausstellungen oder Programme, stehen unterschiedliche Grundkonzepte zur Verfügung, die nachstehend kurz beschrieben werden. Üblicherweise werden vier verschiedene Formen unterschieden: Die Basis-Evaluation, die Vorab- oder Front-End-Evaluation, die formative Evaluation und die summative Evaluation.

Die *Basis-Evaluation* ist der denkbar früheste Evaluationstyp. Er zielt im weitesten Sinne auf das institutionelle Selbstverständnis des Museums und ist die Grundlage aller zukünftigen Projekte. Ziel ist die Erarbeitung und Festlegung eines definierten Zwecks, sei der Institution Museum als Ganzes oder nur einer konkreten Ausstellung. Sie definiert die anzusprechenden Zielgruppen und formuliert die Ausstellungsziele. Basis der Evaluation ist das Erarbeiten eines Hauskonsenses mit Hilfe von internen Mitarbeitergesprächen und der Führung.[5]

Die *Vorab-Evaluation* oder auch *Front-End-Evaluation* dient der konkreten Vorbereitung einer Ausstellung. Sie setzt schon in einer sehr frühen Phase des Planungsprozesses ein. Im Mittelpunkt stehen dabei die Erkundung von Interessen und Erwartungen der Besucher/-innen in Bezug auf das zukünftige Ausstellungsthema, ihr Vorwissen und die alltagsweltlichen Bezüge der Besucher/-innen zum Thema. Sie liefert wertvolle Hinweise für die Entwicklung oder Korrektur von Ausstellungskonzepten, indem sie den Besucher/-innen von Anfang an in das Ausstellungskonzept integriert. In der Praxis macht eine sehr frühe Evaluation vor allem dort Sinn, wo sich konkrete Vermittlungsziele formulieren lassen und ein Bewusstsein für die Thematik hinreichend bei den Besucher/-innen vorausgesetzt werden kann. Dieses ist beispielsweise bei umwelt-, technik- oder naturkundlichen Museen stärker der Fall, insoweit sie sich zum Ziel setzen, ein konkretes Wissen oder Problembewusstsein zu vermitteln. In ähnlicher Weise können sich geschichtshistorische Museen, deren wichtigste Besucher/-innen heute oft die Schulklassen sind, bei ihren Angeboten an schulischen Curricula orientieren und dadurch ihre Attraktivität für die Schulen steigern.[6] Bei reinen Kunstmuseen dürfte dagegen eine Vorab-Evaluation aufgrund der diffuseren oder heterogeneren Zielkataloge schwerer fallen. Insgesamt wird der Typ der Vorab-Evaluation eher selten eingesetzt. Ein Grund dafür mag darin liegen, dass diese Evaluationsform schon recht früh kanalisierend in die Arbeit der Ausstellungsmacher/-innen eingreift und deren Nutzen im Vorfeld einer Ausstellung nicht immer greifbar ist.

Die *formative Evaluation* hat zum Ziel, eine bereits laufende Ausstellung als Ganzes, einzelne (herausgehobene) Objekte darin oder vorhandene Vermittlungsangebote (zum Beispiel Objektbeschriftungen, Audio-Guides interaktive Stationen etc.) in Bezug auf ihre Akzeptanz und Wirkung bei den Besucher/-innen zu prüfen. Sie soll verhindern, dass eine mit großem Aufwand erstellte Ausstellung ihre Ziele nicht erreicht oder nicht bzw. nicht mehr von Besucher/-innen angenommen wird. Beispielsweise ist ein typisches Phänomen von Museumsneueröffnungen ein kurzfristig starker Anstieg der Besuchszahlen, die dann später deutlich abfallen und auf dauerhaft niedrigem Niveau verbleiben. Die formative Evaluation kann hier helfen, einzelne Ausstellungsangebote neu auszurichten und zu attraktivieren. Neben der Evaluation einer schon vorhandenen Ausstellung lässt sich eine formative Evaluation auch über eigens produzierte Prototypen oder Modelle der zukünftigen Exponate realisieren. Werden entsprechende Defizite erkannt, können wichtige Exponate besser in Szene gesetzt, Laufwege der Besucher/-innen geändert und die Vermittlungshilfen überarbeitet werden. Neben den erwähnten, klassischen Befragungen werden hier besonders gern direkte Besucherbeobachtungen eingesetzt. Umfangreiche Korrekturen sind dagegen häufig schwierig nachträglich umzusetzen. Daher findet sich diese Form der Evaluation meist nur bei besonders aufwändigen Sonder- oder Dauerausstellungen.

Die *summative Evaluation* ist schließlich der klassische und am häufigsten eingesetzte Evaluierungstyp. Hierbei handelt es sich um die abschließende Erfolgs- und Wirkungskontrolle einer vorhandenen Ausstellung, die häufig im Kontext einer zu Ende gehenden Sonderausstellung vorgenommen wird. Dabei wird dann meist auch das ganze Museum auf den Prüfstand gestellt. Diese Evaluation nimmt das Angebot in seiner Gesamtheit in den Blick. Ziel ist, den ansonsten nur über Ticketverkäufe, Presseresonanz und Gästebücher dokumentierten Erfolg einer Ausstellung tiefer zu ergründen. Dazu gehört neben einer detaillierten Beschreibung der sozialen Struktur und psychologischen Verfassung des Publikums die Erhebung der Besuchsmotive und -anlässe, sowie der Nutzung und Bewertung des kompletten Ausstellungsangebots. Speziell ist man häufig daran interessiert zu erfahren, welchen Anteil die Sonderausstellung am Gesamtaufkommen der Besucher/-innen hatte und inwieweit sich das typische Publikum des Museums durch die Sonderausstellung veränderte. Auch der Erfolg von Werbe- und sonstigen Marketingaktivitäten (Preisaktionen, Kombitickets etc.) lässt sich auf diese Weise nachhalten. Ziel ist neben der Beschreibung des gegebenen Status quo, auch Schlussfolgerungen für zukünftige Verbesserungen zu ziehen.[7]

Ein Sonderfall der Evaluation ist die sogenannte *Programm-Evaluation.*[8] Diese ist, anders als die obigen Evaluationstypen, weniger durch den Zeitpunkt ihrer Durchführung gekennzeichnet als durch das Thema der Erhebung. Im Mittelpunkt steht die Nutzung und Bewertung der jeweiligen Vermittlungsangebote, zuweilen auch die dadurch erzielten Wirkungen. Dabei kann es sich um einzelne Maßnahmen oder auch ein umfassendes Gesamtpaket von Vermittlungen handeln, wie etwa interaktive Stationen, Beschriftungen, Audioguides, Vorträge, Workshops, Führungen etc. die sich an spezifische Zielgruppen oder an alle Besucher/-innen richten. Ziel ist das Erkennen der spezifischen Nutzungs- und Verwertungskontexte, die jeweiligen Nutzerbedürfnisse und das Aufspüren von Verbesserungsmöglichkeiten. Als Beispiel wurde in einer Studie von Kliment der Museumsdienst Köln, welcher die Vermittlungsangebote aller städtischen Museen in Köln durchführt, evaluiert. Dabei wurden in standardisierten Befragungen die Antworten der Nutzer/-innen der entsprechenden Angebote als auch die durchführenden Guides befragt und die Aussagen aneinander gespiegelt.[9]

Ein von der Zielrichtung anders gearteter Evaluationstyp ist die Wirkungsevaluation eines Programms. Im Mittelpunkt steht weniger die Nutzung als die mit dem Programm ausgelösten spezifischen kognitiven, affektiven oder konativen Wirkungen bei den Nutzern. Dieser Evaluationstyp kommt in der angewandten Besucherforschung weit seltener vor. In Auftrag gegeben werden solche Projekte häufig von privaten Trägern oder Sponsoren entsprechender Projekte, die objektivierte Rückmeldungen über die Wirkungen ihrer Fördermaßnahmen suchen. Ein Beispiel für eine solche Programmevaluation war die Evaluation eines Outreach-Projekts in Köln, das Schüler/-innen der Stufen 5–8 aus Schulen im Kölner Umkreis für einen Tag in das Wallraf-Richartz Museum einlud. Hier wurden im Auftrag des Hauptsponsors die Wirkungen des Projekts auf die Einstellungen zur Kunst, auf die individuelle Kreativität und die zukünftigen Museumsbesuche der Schüler/-innen untersucht. Befragt wurden in einem quasi-experimentellen Design über 500 Schüler/-innen in Vorher-nachher-Befragungen, wobei die Nachhaltigkeit der Effekte aus dem Programm über einen Zeitraum von bis zu drei Jahren nach der Teilnahme gemessen wurde. Dieses Projekt verfolgte gleichzeitig das Ziel, ein auf möglichst viele Programme transferierbares Evaluationskonzept zu entwickeln, um dem Sponsor zukünftig Entscheidungshilfen bei der Selektion von Förderprojekten zu geben (vgl. Kliment 2014).

Typische Probleme der Besucherforschung in Museen

Auch wenn sich die Besucherforschung in den deutschen Museen langsam etabliert, so sind die damit gemachten Erfahrungen doch recht unterschiedlich. In der erwähnten, von Paatsch durchgeführten Befragung, waren die Ergebnisse teilweise ernüchternd. Zwar berichteten 40% der Museen von sehr positiven Erfahrungen, andererseits hatten sich über 53% der Museen mehr versprochen, 3% waren sogar eher enttäuscht. Angesichts der Bedingungen, unter denen Besucherforschung häufig stattfindet, erscheinen diese Befunde sogar noch in einem vergleichsweise positiven Licht. Denn vielerorts wird mit sehr bescheidenen finanziellen Mitteln gearbeitet, die Methodik lässt erheblich zu wünschen übrig und die Realisierungsbedingungen der Projekte sind mit Blick auf den Einsatz personeller und materieller Ressourcen dürftig. Sind die Informationen erst einmal mühsam gewonnen, so hapert es häufig an den Möglichkeiten bei der internen Umsetzung und dem Transfer in die Praxis (vgl. Paatsch 2014, S. 134 ff.).

Häufig beginnt die Forschung bereits mit konzeptuellen Problemen. Die Überlegung, welche Fragen und Themen im Einzelnen angegangen werden sollen, berührt nicht selten sensible Punkte oder latente Interessenkonflikte zwischen den Beteiligten. Häufig wollen an einer Befragung neben den Museumspädagog/-innen auch das Marketing, die Geschäftsführung oder der Förderverein beteiligt werden. In welchem Umfang dann etwa die Publikumsanalyse, Vermittlungsfragen, die Werbung oder die mögliche Steigerung der Ticketpreise Gegenstand der Untersuchung sind, setzt einen manchmal mühsamen Klärungsprozess voraus. Falls dieser unterbleibt und alles „irgendwie wichtig ist", entstehen im Gegenzug ungenaue Fragebögen mit wenig konkreten Ergebnissen. Ein/e externe/r Evaluator/-in kann hier gegebenenfalls mit seiner/ihrer Expertise zwischen Gruppen moderieren. Hinzu kommt nicht selten eine diffuse Skepsis der Mitarbeiter/-innen gegenüber der Evaluation und den daraus für sie möglichen Konsequenzen, was in einer mangelnden Mitarbeit resultiert.

Die anschließend, häufig in Eigenarbeit von den Häusern entwickelten Untersuchungsinstrumente, meist handelt es sich um Fragebögen, sind dann in der Folge oft zu unspezifisch, zu umfangreich und entsprechen in ihrer Konstruktion nicht den vorhandenen wissenschaftlichen Standards. Ein Fragebogen muss den Befragten zur Teilnahme motivieren, die richtige Dramaturgie besitzen, alle relevanten Bereiche abdecken, sowie präzise, trennscharf und klar verständlich formulieren. Als wichtigste Grundregel hat sich bewährt, bei der Fragenauswahl konsequent vom Ende der Studie her zu denken. Nicht die Fragen, sondern die Antworten zählen, respektive das, was man sich aus der Studie an praktischen Folgerungen verspricht. Im Grundsatz sollte jede Frage im Vorfeld einer solchen kritischen Überprüfung unterzogen werden. Ist der Verwendungskontext einer Frage nicht ersichtlich, sollte diese entfernt werden. Dies kommt der Studie in Form kürzerer Interviewdauer, geringeren Kosten und größerer Qualität der Daten zugute.

In der Phase der Durchführung liegen die methodischen Probleme nicht selten in einer zu kleinen Besucherstichprobe, die weder differenzierte noch empirisch belastbare Auswertungen zulässt, und dem fehlenden Personal für die Durchführung der Erhebung selbst. Die Folge ist, dass den Besucher/-innen die Annahme und das Ausfüllen der Bögen vollständig selbst überlassen bleibt. Mangelnde Repräsentativität der Ergebnisse sind bei dieser Art von reiner Selbstrekrutierung der Befragten zwangsläufig. Als Faustregel sollten mindestens 300 Interviews bei einer repräsentativen, nach den Regeln der Stichprobenziehung zufällig ausgewählten Auswahl von Besucher/-innen vorliegen. Wünscht man sich empirisch härtere Daten und strebt detaillierte Auswertungen an, sollten mind. 500 bis 700 Interviews realisiert werden.

Die Auswertung der Befunde sollte schließlich so vorgenommen werden, dass möglichst handlungsrelevante Erkenntnisse gewonnen werden. Rein deskriptive Befunde, etwa über die soziale Zusammensetzung der Besucher/-innen oder ihre Einstellungen, sind zwar von grundsätzlich informatorischem Wert. Gleichwohl gewinnen sie erst in der praktischen Umsetzung für die Ausstellung, die Vermittlung oder für das Marketing ihre Relevanz. Wurde bei der Fragebogenkonstruktion bereits konsequent auf die praktische Verwertbarkeit der Ergebnisse geachtet, so sind Analyse und Maßnahmenempfehlung schnell realisierbar.

Von zentraler Bedeutung ist schließlich die Umsetzung der aus der Studie gewonnenen Empfehlungen. Dies bedeutet nicht zwangsläufig den Einsatz zusätzlicher Mittel. Bei der Verbesserung der Vermittlung ist häufig eine publikumsorientiertere Umstrukturierung der vorhandenen Angebote oder Programme wirkungsvoll, was nicht zwangsläufig zusätzliche Mittel erfordert. Maßnahmen zur Steigerung der Servicequalität bedeuten unter Umständen nur ein besser geschultes Personal oder organisatorische Veränderungen, die weitgehend kostenneutral zu machen sind. Im Marketing kann eine vereinfachte und attraktivere Preisstruktur durchaus zu mehr Eigeneinnahmen führen. Informationen zu Nutzung der hauseigenen und externen Medien können sehr wirksam helfen, die vorhandenen Budgets effizienter zur Publikumsansprache einzusetzen.

Als strategische Empfehlung lässt sich abschließend formulieren, dass eine Besucherbefragung stets der aktiven Rückendeckung durch die Museumsleitung bedarf. Relevanz und Glaubwürdigkeit der Ergebnisse und die Möglichkeiten zur späteren Umsetzung, hängen entscheidend davon ab, inwieweit die Führung mitzieht. Darüber hinaus impliziert eine Evaluationsstudie aufgrund des damit verbundenen Reflexionsprozesses über die relevanten Ziele und Zwecke, dass etablierte und nicht weiter hinterfragte Annahmen und Routinen auf den Prüfstand kommen können. Hier muss die Leitung in der Lage sein, diese Prozesse nicht nur zuzulassen, sondern zu ermutigen und zu fördern.

Das häufig größte Hindernis für die Durchführung einer Besucherforschung ist der wahrgenommene Aufwand an Kosten und Zeit. Den Museen bieten sich dabei verschiedene Optionen: Dies ist zunächst die Durchführung der Besucherbefragung in kompletter Eigenregie. Hierbei wird die Konzeptionierung, Durchführung und Auswertung aus dem Kreis der Mitarbeiter/-innen vorgenommen. Häufig handelt es sich um das Marketing, seltener sind Museumspädagog/-innen damit befasst. Vorteile der internen Durchführung sind die sehr kostengünstige Abwicklung sowie die Nähe der Beteiligten zu den Inhalten der Untersuchung. Von Nachteil ist die zumeist mangelnde Expertise, worunter die Aussagekraft und Belastbarkeit der Daten erheblich leiden können. Hinzu kommt der zeitliche Aufwand, der von den häufig ohnehin bis an die Grenzen belasteten Mitarbeiter/-innen kaum zusätzlich zu schultern ist. Als zweite Option steht die Beauftragung eines externen, kommerziellen Instituts. Dieses sichert zwar im Regelfall die Qualität der Befragung und steigert möglicherweise die interne Relevanz der Studie. Sie scheitert jedoch häufig an den Kosten, die je nach Umfang durchaus fünfstellige Beträge erreichen können. Ein möglicher Kompromiss aus den beiden vorstehenden Optionen scheint drittens die häufig kostenlose Kooperation mit ortsnahen Universitäten oder Fachhochschulen. Neben der Frage, ob neben der methodischen Expertise auch das museumsbezogene Know-how der Besucherforschung an der Hochschule gegeben ist, unterliegen Hochschulen einem anderen Rhythmus. Hier stehen Projekte im Kontext der gegebenen Prüfungsmodalitäten und Semesterzyklen, was für die Museen häufig zu umständlich und langsam ist. Zudem wird der Betreuungsaufwand für die Studierenden von Seiten der Museumsmitarbeiter/-innen häufig unterschätzt. Und schließlich sind bei Kooperationen die Projekte inhaltlich oft stärker an allgemeinen wissenschaftlichen Fragestellungen orientiert und lassen die notwendige Fokussierung auf die speziellen Anliegen und Probleme des jeweiligen Museums vermissen. Im Ergebnis zeigen sich Museen von den Resultaten solcher Kooperationen häufig enttäuscht.

Vor dem Hintergrund dieses mehrfachen Dilemmas zwischen intern fehlender Expertise, hohen externen Kosten und den antizipierten Überlastungen der eigenen Mitarbeiter/-innen werden dann die – wenngleich als sinnvoll anerkannten – Besucherstudien häufig nicht durchgeführt. Ein günstiger Kompromiss besteht darin, die Besucherstudie einerseits mit Bordmitteln durchzuführen, jedoch dies zumindest unter Begleitung einer erfahrenen Evaluator-Person zu tun. Insbesondere in der Konzeptions- und Auswertungsphase kann diese helfen, grobe Fehler zu vermeiden und die Aussagekraft der Ergebnisse zu steigern. Sie ist in der Lage, die internen Arbeitsprozesse zu rationalisieren, den Aufwand für die Studie möglichst gering zu halten, und sie bringt eine neutrale Außenperspektive ein. Dies stützt die Objektivität der Befunde und verbessert die interne Akzeptanz der daraus abgeleiteten Maßnahmen. Sie kann dabei unter Umständen auch heikle Ergebnisse ansprechen, die rein intern schwer zu thematisieren wären. Nach einem solchen ersten Forschungs-Coaching können später die in jedem Fall zu empfehlenden Nachfolgestudien gegebenenfalls in Eigenregie durchgeführt werden.

Abschließende Überlegungen

Der vorliegende Beitrag versuchte in gebotener Kürze zu umreißen, warum Besucherstudien für Museen in hohem Maße opportun sind, welche Fragestellungen und Instrumente die Evaluationsforschung zur Verfügung stellt, und was praktische Fallstricke bei der Durchführung von empirischen Studien sein können. Dabei konnten in dem gegebenen Rahmen nur die wichtigsten Ansätze der angewandten Besucherforschung schlaglichtartig beleuchtet werden.

Besucherforschung steht für eine Philosophie, welche den Anliegen und Sichtweisen der in das Museum kommenden Menschen eine besondere und eigenständige Bedeutung beimisst. Eine breit gefächerte, systematische Erhebung der Publikumsmeinungen – einschließlich des damit verbundenen Aufwands an Mitteln und Zeit – signalisiert, dass der/die Besucher/-in als Bezugspunkt künstlerischer Aktivität ernst genommen wird. Dieses wirkt nicht nur als ein Signal in Richtung Publikum, sondern auch nach innen, als Impuls für mehr Besucherorientierung für die eigenen Mitarbeiter/-innen im Haus. Gleichzeitig intendiert Besucherforschung nicht ein irgendwie gearteter Gradmesser künstlerischer Qualität zu sein, noch dient sie dazu, ein anspruchsvolles Angebot durch Anpassung an einen wie auch immer gearteten Massengeschmack zu popularisieren. Sie ist auch kein Plebiszit darüber, was man denn wohl künftig zeigen solle. Sie kann die konzeptuelle und inhaltliche Arbeit der Ausstellungsplaner/-innen nicht ersetzen. Diese müssen interessante Themen ausarbeiten und dürfen von Besucher/-innen nicht erwarten, dass er ihnen die Konzeptionsarbeit abnimmt. Besucherforschung kann aber überprüfen, ob das was man entworfen hat, verständlich und interessant ist. Besucherforschung verfolgt den Zweck, eine Hilfe im künstlerischen Vermittlungsprozess zu sein und stützt damit den kulturellen Auftrag des Museums. Schlussendlich bedeutet die in den Erhebungsdaten meist dokumentierte, große Akzeptanz des Museums bei den Besucher/-innen auch die Stärkung seiner Legitimität im öffentlichen Raum und gegenüber den politischen Entscheidungsträgern.

Anmerkungen

1 Vgl. dazu etwa das Programm des Research Center for Museums and Galleries at the University of Leicester, das im Zuge seiner fast zehnjährigen Programmevaluationen über 70.000 Schüler befragte. RCMG (2007): *Engage, learn, Achieve. The impact of museum visits on the attainment of secondary pupils in the East of England 2006–2007.* Leicester.

2 Vgl. dazu speziell die Analyse kultureller Teilhabe in Köln von Reuband (2012), S. 229 ff.

3 Vgl. dazu Mandel 2013, S. 20 ff. und die Keuchel/Larue 2012.

4 Vgl. Saehrendt, Christian (2015): Die Lange Nacht der Museen als sinnentleerter Selbstläufer. In: Standpunktgrau-magazin (www.standpunktgrau.de).

5 Vgl. im folgenden Wegner (2010), S. 101 ff.; Murro/Siekiersi/Weyer (2009), S. 55 ff. und Wintzerith 2014, S. 44 ff.

6 Wie relevant dies ist, mag daran abzulesen sein, dass für viele Museen Schulklassen mittlerweile die wichtigste Besuchergruppe darstellen, sie liegen in der Gesamtbesucherstatistik aktuell bei über 40%. (Mandel 2013, S. 22 f.).

7 Vgl. dazu als Beispiel für eine summative Evaluation einer Sonderausstellung im Kölner Wallraf-Richartz Museum (vgl. Kliment 2009).

8 Vgl. allgemein dazu Wegner 2010, S. 103.

9 Dabei war ein interessantes Ergebnis der Studie, das unterschiedliche Anspruchsniveau der Beteiligten. Die Teilnehmer/-innen zeigten sich weit

zufriedener mit dem Programm als die Guides, die sich über die Zielerreichung ihrer Aktivitäten skeptisch äußerten (vgl. Kliment 2010).

Literatur

Glogner, Patrick & Patrick S. Föhl (Hg.) (2010). Das Kulturpublikum. Fragestellungen und Befunde der empirischen Forschung. Wiesbaden: VS Verlag.

Graf, Bernhard (2003). Ausstellungen als Instrument der Wissensvermittlung? Grundlagen und Bedingungen. In: Museumskunde, Band 68. Nr. 1., S. 73–81.

Keuchel, Susanne & Dominic Larue (2012). Das 2. Jugend-Kulturbarometer. Zwischen Xavier Naidoo und Stefan Raab. Köln: ARCult Media.

Kliment, Tibor (2014). Mit gebremsten Effekt. Wirkungsevaluation eines Outreach-Projekts im Methodenmix. Vortrag im Rahmen der Tagung *„Sehen, Denken, Lernen in Museen – Empirische Bildungsforschung an informellen Lernorten"* am 27.11.2014 im Deutschen Museum München.

Kliment, Tibor (2011). Publikumsevaluation im Rautenstrauch-Joest Museum ein Jahr nach der Wiedereröffnung. Unveröffentlichtes Manuskript, Köln.

Kliment, Tibor (2011). Die Lange Nacht der Museen. Erfolg eines niedrig schwelligen Angebots. Manuskript. Köln.

Kliment, Tibor (2010). Evaluation des Museumdienstes Köln. Unveröffentlichtes Manuskript. Köln.

Kliment, Tibor (2009). Das Publikum im Museumsbetrieb. In: Hamann, Matthias (Hg.), Kölner Museumsbulletin. 3/2009, S. 58–65.

LWL-Freilichtmuseum Hagen (Hg.) (2014). Das Publikum im Blick. Besucher/-innenforschung als Impuls für Besucher/-innenorientierte Museumsarbeit. Hagen.

Mandel, Birgit (2013). Interkulturelles Audience Development. Zukunftsstrategien für öffentlich geförderte Kultureinrichtungen. Bielefeld: Transcript.

Mandel, Birgit (2012). Audience Development als Aufgabe von Kulturmanagementforschung. In: Zukunft Publikum. A. a. O. Bielefeld, S. 15–27.

Munro, Patricia; Siekierski, Eva & Monika Weyer (2009). Wegweiser Evaluation. Von der Projektidee zum Ausstellungserlebnis. München: Oekom.

Paatsch, Ulrich (2014). Besucherforschung im Museumsalltag. Eine empirische Studie zur Nutzung von Besucherforschung in westfälischen Museen. In: LWL-Freilichtmuseum Hagen, S. 134–145.

Renz, Thomas (2012). Von der Kunst, das Publikum standardisiert zu erforschen. Ein Beitrag zur Entwicklung der Methodik in der empirischen Kulturnutzerforschung. In: Zukunft Publikum. A. a. O., S. 171–198.

Reuband, Karl-Heinz (2012). Kulturelle Partizipation im Langzeitvergleich. In: Jahrbuch für Kulturmanagement. S. 229–264. Bielefeld: Transcript.

Wegner, Nora (2010). Besucherforschung und Evaluation in Museen: Forschungsstand, Befunde und Perspektiven. In: Glogner, Patrick & Patrick S. Föhl (Hg.), Das Kulturpublikum. Fragestellungen und Befunde der empirischen Forschung. Wiesbaden: VS Verlag, S. 97–152.

Wintzerith, Stefanie (2014). Streifzug durch die Welt der Besucherforschung. In: LWL-Freilichtmuseum Hagen, S. 44–57.

Zukunft Publikum (2012). Jahrbuch für Kulturmanagement 2012. Hg. vom Fachverband für Kulturmanagement. Bielefeld: Transcript.

Kapitel 3:

Raum

Caudia Ohmert

Labor im Museum

In der freundlichen Anfrage für die Texte zu diesem Buch verwenden Kristine Preuß und Fabian Hofmann unter anderem folgende Begriffe und Formulierungen, um die Anforderungen zu charakterisieren: „Mutiges Buch, Ideen, Visionen, zukünftige Entwicklungen, Forschungsprojekt, Zukunftswerkstatt, utopische Reise, begründete Perspektiven ..." Die Latte liegt also ziemlich hoch. Versuchen wir's!

Gesetzt der Fall, ein Kunstmuseum besäße eine ansehnliche Sammlung – sagen wir – expressionistischer Werke. Gehen wir davon aus, dieses (fiktive) Museum wäre aus monetären Gründen nicht in der Lage, die Sammlung zu erweitern und edle Spender fänden sich auch nicht ein. Das Museum käme aber sehr wohl einer seiner Hauptaufgaben nach, nämlich der Bewahrung und Präsentation von Kunst. Hundert Werke heute, hundert Werke vor zwanzig Jahren – die Sammlung bliebe immer die gleiche. Bliebe, bleibt aber nicht.

Wie wir Kunst wahrnehmen, welche Bedeutung sie für uns hat, ob sie uns anzieht oder vielleicht abstößt, ist ja immer das Ergebnis eines Dialogs. Rezeption braucht beide, das Bild und den/die Betrachter/-in. Diese Erkenntnis ist wahrlich ein alter Hut, aber sie ist nun einmal die berufliche Lebensversicherung für Kunstvermittler/-innen und Museumspädagog/-innen. Wir können heute kein Vermittlungskonzept entwickeln, das morgen noch gilt. Denn wir wissen zwar, wie die (materielle) Sammlung in unserem fiktiven Museum zukünftig aussehen wird (nämlich so, wie heute), die Besucher/-innen der Zukunft kennen wir nicht.

Die Rezeptionsgeschichte expressionistischer Kunst macht dies besonders deutlich. Gestartet als künstlerische und gesellschaftliche Revolution traf der Expressionismus in seiner Frühzeit bei weiten Teilen der Bevölkerung auf Unverständnis und wütenden Protest. Expressionismus-Ausstellungen heute sind beliebtes Ausflugsziel von Reisegruppen reiferen Alters, man findet die Werke schön und schön bunt. Das Provokationspotential des einst Revolutionären geht gegen null.

Die Veränderung unserer Seh- und überhaupt Rezeptionsgewohnheiten ist ja nicht nur Ergebnis einer sich rasch wandelnden medialen, technischen Entwicklung. Auch Einstellungen und Haltungen entwickeln sich; moralische, ästhetische Wahrheiten werden in Frage gestellt; soziale Rollenmodelle und unsere Sicht auf uns selbst und auf andere sind stets in Bewegung.

Das Kunstmuseum, verstanden als Einheit aus Bewahren und Vermitteln, kann und muss also konservieren, es darf aber niemals konservativ sein.

Das bedeutet einerseits, dass kunsthistorische Informationen zu den Werken, den Künstler/-innen, Künstlergruppen, bestimmten Strömungen usw. nach wie vor Gegenstand der Vermittlung sind – und vermutlich bleiben. Ich hatte an anderer Stelle (Ohmert 2012, 7 ff.) zwischen Ausstellungs- und Kunstvermittlung differenziert. Die Ausstellungsvermittlung, also die Vermittlung von Faktenwissen zu den aktuell gezeigten Kunstwerken, unterliegt zwar im Hinblick auf die didaktische und mediale Aufarbeitung einem steten Wandel. Sie ändert sich also parallel zu pädagogischen und technischen Entwicklungen. Ihr Gegenstand, die konkrete Realisation von Kunst im Museum, bleibt jedoch in seinem Objektcharakter bestehen – so, wie die Sammlung in unserem fiktiven Museum.

Die Kunstvermittlung aber – verstanden als die andere Seite oder der blinde Fleck von Ausstellungsvermittlung – nimmt einen Aspekt von Kunst in den Blick, der nicht ausgestellt werden kann, den künstlerischen Prozess. Dieser Prozess wird vorgestellt als stringent und nicht beliebig, aber gleichwohl nichtlinear; als Dialog zwischen Künstler/-in und (entstehendem) Werk (ebd., 8 f.). Und gerade der dialogische Charakter macht ihn so interessant für die Kunstvermittlung und die Museumspädagogik insgesamt.

Mit interaktiven Vermittlungsprojekten haben wir in der Kunsthalle Emden in den letzten neun Jahren immer wieder versucht, diesen künstlerischen Prozess für die Teilnehmer/-innen erfahrbar zu machen, ihn zu simulieren. Dabei haben wir bislang immer eine Fragestellung oder Aufgabe als Ausgangspunkt gewählt, die als Einstieg für die Teilnahme dienen sollte und die eng mit dem Thema der jeweiligen Ausstellung verbunden war. Daraus sollte sich optimalerweise eine Situation entwickeln, die die Teilnehmer/-innen in einem gestalteten, gelenkten, eben

„simulierten" Prozess zu einer künstlerischen Entscheidung zwang und gleichzeitig eine intensive Auseinandersetzung mit den Werken der Ausstellung förderte.

Ausgangspunkt für die Frage war also eine *bestimmte* Ausstellung. Die Frage zielte auf einen *bestimmten* Aspekt in der Lebens-, Gefühls- oder Erfahrungswelt der Teilnehmer/-innen.

Die Teilnehmer/-innen erfahren so tatsächlich einen Moment eines künstlerischen Prozesses – natürlich nicht jede/r; auch nicht bei jedem Projekt; aber doch zu einem gewissen Teil.

Wären in der oben zitierten Anfrage Begriffe aufgetaucht wie „Vergangenheit", „Erinnerung" oder „damals", dann wäre ich jetzt auf der Zielgeraden, aber da stand ja etwas von „Zukunft".

Wenn wir mit *einer* Fragestellung, zu *einer* Ausstellung, in *einer bestimmten* Zeitspanne, an *einem bestimmten*, der Ausstellung zugeordneten Ort mit dieser Art von Vermittlung arbeiten, dann ist sehr viel „bestimmt", aber es ändert sich bestimmt nicht viel. So bleibt das Museum Ausstellungsort, die Vermittlung bleibt im Wesentlichen Ausstellungsvermittlung und die Kunstvermittlung bleibt Projekt.

Zukünftige Vermittlungsarbeit müsste unsichtbar sein! Aber nicht so, wie man etwas nicht sieht, weil es nicht da ist, sondern so, wie man den Wald vor lauter Bäumen nicht sieht! Das bedeutet: Möglichst immer, möglichst zentral, thematisch offen, prinzipiell selbstverständlich und konkret überraschend!

Offensichtlich müsste sich die Institution Kunstmuseum dafür strukturell und programmatisch ändern und die Frage ist ja, welchen Vorteil das Museum von einer solchen Veränderung hätte.

Ein Blick zurück auf eine Diskussion um die gesellschaftliche Rolle des Museums kann vielleicht weiterhelfen. Bereits in den 1980er-Jahren (schon wieder ein alter Hut) haben sich Joseph Beuys und Janos Frecot zu diesem Thema geäußert. Sie sehen das zukünftige Museum als einen Ort, der Ausgangspunkt sein soll für eine kreative Auseinandersetzung mit gesellschaftlichen Fragestellungen, der sich explizit nicht auf seine Funktion als Ausstellungsort zurückzieht. Beuys versteht das Museum „[...] als Synonym für solche Institutionen [...], in denen die kulturell-geistigen Auseinandersetzungen stattfinden, ohne sich von den anderen Kraftfeldern der Gesellschaft abzuschneiden" (Beuys 1980, 70). Frecot fordert, das Museum solle gesellschaftliche Veränderungsprozesse anstoßen und „[...] zu einem Ausstrahlungsort für lebendige Erkenntnis, für die Lust am Denken und Verändern werden“ (Frecot 1980, 160).

Auch in der aktuellen Diskussion werden die Grundsätze des Museums hinterfragt und neu gedacht. Daniel Tyradellis beispielsweise sieht das Museum als einen „[...] Ort der Begegnung verschiedenster Evidenzen und der Entfremdung gegenüber dem eigenen Wissen und den eigenen Sehgewohnheiten. An ihm können sich Experten unterschiedlichster Art treffen, um sich gemeinsam an einem ihrer Profession fremden Gegenstand – der Ausstellung – mit ihrem eigenen Tun und Wissen aus einer Distanz heraus zu beschäftigen.“ (Tyradellis 2014, 240)

Der ungeheure Vorteil liegt auf der Hand. Das Museum entwickelt sich von einem Ort des Konsums der Kunstwerke und der entsprechend didaktisch aufbereiteten Informationen zu einem Forum für Auseinandersetzung, Diskussion und Kreativität.

Wie eine erfolgreiche Umsetzung dieser Idee aussehen könnte, ist offen. Einen ersten Versuch haben wir im März 2015 in Emden gestartet, wir nennen es *Labor im Museum*.

Hier steht der Vermittlungsabteilung seitdem der größte und zentral gelegene Raum zur Verfügung. Wir befinden uns noch in der Testphase, aber grundsätzlich ist das *Labor* auf Dauer angelegt und der Raum kann, von wenigen Pausen für andere Veranstaltungen abgesehen, permanent genutzt und eigenständig gestaltet werden.

Wir versuchen weiterhin, der Idee der Simulation in interaktiven Projekten treu zu bleiben, wenngleich in etwas offenerer Form. Das Einstiegsthema wird nicht von einer einzelnen Ausstellung abgeleitet, sondern für einen von den Ausstellungen unabhängigen Zeitraum – momentan ein Jahr – festgelegt. Es ist nur lose mit den Ausstellungen verbunden und ist so weit gefasst, dass es Interesse und Fragen bei möglichst vielen Teilnehmer/-innen hervorruft – unser erstes Jahresthema heißt „Liebe“.

Das *Labor* verändert sich im Laufe des Jahres. Die Grundausstattung (bestehend aus einer Literatursammlung zum Thema, interaktiven Projekten, Zeichenmaterialien, bequemen Sitzmöbeln, einer Jukebox und einer 3D-Drucker-Station u. a.) wird fortwährend ergänzt, erweitert, neu strukturiert und durch die Beiträge der Teilnehmer/-innen aufgefüllt. Interaktive Projekte spiegeln das Thema künstlerisch und bauen so im Laufe des Jahres das Design des *Labors* aus. Besucher/-innen haben die Möglichkeit, künstlerisch im *Labor* zu arbeiten und sich an den Projekten zu beteiligen.

Die Sommerausstellung wird zukünftig das Jahresthema aufgreifen und einen neuen Blick auf die eigene Sammlung ermöglichen. Der Ausstellungsrundgang entsteht in Kooperation von Kurator/-in und Vermittler/-in. Das heißt, bei einer von drei bis vier Ausstellungen pro Jahr stellen wir die übliche Struktur auf den Kopf; nicht die Ausstellung bestimmt die Inhalte der Vermittlung, sondern das Thema der Vermittlung bestimmt die Ausstellung.

Wir wollen immer wieder unterschiedliche Gruppen einladen, das Thema mitzugestalten und interdisziplinär zu diskutieren. So planen wir Expertenrunden, in denen Wissenschaftler/-innen, Künstler/-innen, Vermittler/-innen und Praktiker/-innen miteinander ins Gespräch kommen, um das Jahresthema von allen Seiten zu beleuchten. Studierende machen sich im *Labor* Gedanken über gelungene Vermittlung im Museum und Berufspraktiker/-innen nutzen das *Labor* als Inspirationsquelle für die eigenen Projekte. Die Werke der Ausstellung und die künstlerische Auseinandersetzung damit dienen in diesem Zusammenhang als Belege, (Gegen-)Argumente und Anregung für die eigene Position.

Ich schlage hier einige Veränderungen vor. Ob diese Veränderungen in die richtige Richtung gehen und nachhaltig auf Strukturen und Inhalte von Museum und Kunstvermittlung einwirken, muss die Praxis zeigen. An einer Tatsache jedenfalls werden sie nichts ändern, nämlich daran, dass zu jeder Zeit Ideen und Visionen gefragt sind und sein werden.

Literatur

Beuys, J. (1980). Das Museum – ein Ort der permanenten Konferenz. In: H. Kurnitzky (Hg.). Notizbuch. Kunst Gesellschaft Museum, S. 47–74. Berlin: Medusa.

Frecot, J. (1980). Museum, Trödel, Kinderzimmer. In: H. Kurnitzky (Hg.). Notizbuch. Kunst Gesellschaft Museum, S. 157–160. Berlin: Medusa.

Tyradellis, D. (2014). Müde Museen. Oder: Wie Ausstellungen unser Denken verändern könnten. Hamburg: Edition Körber Stiftung.

Ohmert, C. (2012). Simulation als Werkzeug der Kunstvermittlung. In: F. Schmidt & C. Ohmert (Hgg.). Interaktion im Museum. Sinn und Unsinn einer Idee, S. 6–19. Emden: Kunsthalle Emden.

Stephan Schwan

Nicht immer an der Wand lang

Kunstvermittlung im Raum

Allzu oft werden Kunst Ausstellen und Kunst Vermitteln als zwei getrennte Vorgänge behandelt, die scheinbar nur wenig miteinander zu tun haben (Tyrandellis, 2014). Nach diesem Verständnis wird Kunst anhand einer bestimmten kuratorischen Logik ausgestellt, die aber nur selten im Hinblick auf die Kunstvermittlung reflektiert wird. Stattdessen setzt Vermitteln ein, wenn das Ausstellen bereits weitgehend abgeschlossen ist: Erst dann werden begleitende Texte formuliert, Audioguides eingesprochen und pädagogische Programme entwickelt.

Aber natürlich ist die Art und Weise, wie Kunst ausgestellt wird, selbst ein Akt der Vermittlung. Raum und Hängung legen den Besucher/-innen bestimmte Aneignungsweisen nahe und machen andere weniger wahrscheinlich. Besucherbeobachtungen (Bitgood, 2006) ebenso wie Besuchertracking (Tröndle, Greenwood, Kirchberg, & Tschacher, 2014) belegen, wie stark die räumliche Anordnung das individuelle Verhalten prägt und kanalisiert. Aber sind die dadurch ausgelösten Verhaltensmuster einer anspruchsvollen Kunstrezeption wirklich angemessen?

Im besten Falle bedeutet Aneignung von Kunst die aktive Auseinandersetzung des Besuchers mit den Kunstwerken – und dies nicht nur mental, sondern durchaus auch im körperlichen Sinn: Den Blick im Raum schweifen lassen, ein Werk aus verschiedenen Distanzen betrachten, von einem Standpunkt aus verschiedene Werke ins Auge fassen und miteinander vergleichen. Beobachtet man Besucher/-innen in Kunstausstellungen, hat man den Eindruck, dass dieses Ideal oft nicht erreicht wird. Vielmehr bewegen sich Besucher/-innen häufig entlang der Wände von Werk zu Werk. Nur selten werden gegenüber einem Exponat verschiedene Positionen und Distanzen eingenommen, ebenso so selten werden verschiedene Werke durch Blicke miteinander in Beziehung gesetzt. Bei einem solchen punktuellen und additiven Muster der Kunstbetrachtung bleibt offen, inwieweit sich den Besucher/-innen die Logik der Ausstellung als inhaltlich motivierte räumliche Konstellation von miteinander kommunizierenden Werken erschließt.

Es stellt sich die Frage, inwieweit ein solcher linearer Modus der Kunstrezeption durch eine Form der Präsentation bedingt ist, die die Möglichkeiten räumlicher Inszenierung nicht auch als Chance der Kunstvermittlung begreift. Es scheint, dass Raum nicht als verhaltensformend aufgefasst wird und deshalb das Potenzial der räumlichen Gestaltung für die Kunstvermittlung nicht ausgeschöpft wird. Gegenwärtig beschränkt sich die Ausstellungspraxis in Kunstmuseen häufig darauf, plastische, raumgreifende Werke im Raum zu platzieren, damit man sie von verschiedenen Seiten betrachten kann, flächige Werke wie Gemälde oder Grafiken dagegen an den Wänden aufzuhängen. Wenn keine plastischen Objekte vorhanden sind, haben wir es deshalb typischerweise mit „Hohl"- Räumen zu tun, in deren Mitte bestenfalls eine Ruhebank aufgestellt ist, deren Werke sich aber ausschließlich an den Wänden entlang reihen. Eine solche Wandreihung birgt aber die Gefahr, Besucher/-innen zu einem sequentiellen und additiven „Ablaufen" der Werke zu verleiten.

Wie könnte Kunstvermittlung durch eine andere Raumgestaltung befördert werden? Theorien und Befunde der Architektur- und Ökopsychologie (Barker, 1968; Peponis, Dalton, Wineman, & Dalton, 2004) betonen den Einfluss räumlicher Arrangements – Sichtachsen, Hindernisse, landmarks – auf das Verhalten. Als Arbeitshypothese lässt sich deshalb formulieren, dass durch die „Befreiung" der Bilder von der Wand und deren Aufstellung im Raum neuartige Wahrnehmungs- und Bewegungsmuster angeregt werden können, die zu einem tieferen Verständnis nicht nur einzelner Werke, sondern auch ganzer Werkkonstellationen und damit der kuratorischen Logik einer Ausstellung beitragen. Die Möglichkeiten sind vielfältig: Statt in konstantem Abstand an den Exponaten entlang zu flanieren, nähern sich die Besucher/-innen den Werken und können damit ihre unterschiedliche Distanzwirkung erfahren. Das unmittelbare Nebeneinander von Werken an der Wand erweitert sich zu einem Neben- und Hintereinander – dies schafft mehr Freiheitsgrade für die Inszenierung formaler und inhaltlicher Bezüge zwischen den Werken. Im Raum können (zum Beispiel durch in den Boden eingelassene Platten) Sichtpunkte angeboten werden, von denen aus Werkensembles in den Blick genommen werden. Und schließlich kann die Rückseite der frei stehenden Bilder für Erklärungen und Verständnishilfen genutzt werden, während die vordere Schauseite eine von allen didaktischen Ergänzungen befreite, unvoreingenommene Betrachtung erlaubt.

Kunstvermittlung durch Raumgestaltung: Hier eröffnet sich ein weites, bislang vernachlässigtes Experimentierfeld für neue Lösungen des alten Problems, wie Ausstellungen Verstehen fördern können, ohne schulmeisterlich zu wirken. Das wird nur gelingen, wenn Kuratoren und Vermittlungsexperten bereits in der Konzeptionsphase eng zusammenarbeiten und damit die traditionelle Arbeitsteilung des „Zuerst die Ausstellung, dann die Vermittlung" aufgeben. Und auch die Besucherforschung spielt für den Erfolg dieser Experimente eine wichtige Rolle. Denn welche Prinzipien der Platzierung von Bildern im Raum tatsächlich bestehende Verhaltensmuster der Besucher/-innen aufbrechen und sie zu einer aktiveren Auseinandersetzung mit den Kunstwerken anregen, ist letztlich eine empirische Frage, zu der die Modelle und Theorien, aber auch die fortgeschrittenen Methoden psychologisch fundierter Besucheranalysen einen wichtigen Beitrag leisten können.

Literatur

Barker, R. (1968). *Ecological Psychology*. Stanford, CA.: Stanford University Press.

Bitgood, S. (2006). An analysis of visitor circulation: Movement patterns and the general value principle. *Curator*, 49 (4), S. 463–475.

Peponis, P., Dalton, R.C., Wineman, J. & Dalton, N. (2004). Measuring the effects of layout upon visitors' spatial behaviors in open plan exhibition settings. *Environment and Planning B: Planning and Design*, 31, S. 453–473.

Tröndle, M., Greenwood, S., Kirchberg, V. & Tschacher, W. (2014). An integrative and comprehensive methodology for studying experience in the field: Movement tracking, physiology, and psychological data. *Environment and Behavior*, 46 (1), S. 102–135.

Tyrandellis, T. (2014). *Müde Museen*. Hamburg: edition Körber-Stiftung.

Hannah Röttele

Wahrnehmungsbildung als leiblicher Akt

Zum Verhältnis von Leiblichkeit, Raum und Zeit bei einem Museumsbesuch mit der Schulklasse

Der vorliegende Artikel nimmt die Wahrnehmungsbildung von Schüler/-innen in einem Historischen Museum in den Blick. Beispielhaft wird dafür eine Videosequenz herangezogen und interpretiert. Die Ergebnisse sind ebenso auf Kunstmuseen übertragbar, da es sich bei der Wahrnehmungsbildung („aisthesis") um ein Kernanliegen jeglicher musealen Vermittlung handelt.

Das Objekt

Es scheint auf den ersten Blick auf der Hand zu liegen, dass Museen „Orte des Sehens" sind, in denen das ausgestellte Objekt im Mittelpunkt steht. Das bestätigen museumspädagogische und geschichtsdidaktische Texte, Schüler/-innen, die ich vor ihrem Museumsbesuch mit der Schulklasse befrage, oder Lehrende, mit denen ich im Rahmen meiner Forschungsarbeit kurz ins Gespräch komme. Eine Schülerin, die vor dem Museumsbesuch einschätzen soll, wie wichtig ihr die Objektbetrachtung ist, macht keinen Hehl daraus, dass sie die Frage etwas banal findet, denn „dazu sei ja ein Museum eigentlich [...] da" (vgl. Louise, 12 Jahre). Von einem Lehrer bekomme ich auf eine andere Frage eine ähnliche Reaktion. Als ich wissen will, ob er in seinem Geschichtsunterricht hin und wieder mit gegenständlichen Quellen arbeite, sagt er: „Nein, deswegen gehen wir [die Schulklasse, HR] ja auch ins Museum."

Im Rahmen meines Forschungsprojektes beobachtete ich Schüler/-innen, die an einem museumspädagogischen Programm im Historischen Museum Hannover teilnahmen. Die Aussagen, die das Objekt bei dem Museumsbesuch mit der Schulklasse selbstverständlich in den Mittelpunkt rücken, stehen dabei in Kontrast zu meinen Beobachtungen: Während erster Felderkundungen zeigte sich bereits, dass Objekte selten und nur kurz betrachtet werden. Auch in der museumspädagogischen Vermittlung spielten Objekte eine untergeordnete Rolle: Sie wurden nicht als historische Quellen genutzt, sondern waren für Museumspädagog/-innen vielmehr Erzählanlass oder kamen als Beleg, Illustration oder Kulisse der Erzählung zum Einsatz.

Das wahrnehmende Subjekt

Aus diesen Beobachtungen schloss ich, dass das Potential des Museumsbesuchs für die Schulklasse nicht länger durch die Objekte begründet werden kann, sondern das wahrnehmende Subjekt ins Zentrum der Betrachtung gerückt werden muss. Daher fragte ich danach, wie Schüler/-innen sich bei ihrem Museumsbesuch verhalten und zeichnete die Museumsbesuche mit der Videokamera auf. Dabei stellte ich fest, dass im Handeln der Schüler/-innen ihre Wahrnehmung und deren Verarbeitung explizit wird. Welche Schlussfolgerungen daraus im Hinblick auf die Wahrnehmungsbildung im Museum gezogen werden können, möchte ich anhand einer Szene zeigen.

Die Szene

Eingebettet ist die Szene in ein museumspädagogisches Programm, das eine 7. Klasse im Historischen Museum Hannover zum Thema „Stadt im Mittealter“ durchführt. Die Szene findet in der zweiten Programmhälfte statt, in der Schüler/-innen ihre Arbeitsergebnisse vorstellen, die anhand von Arbeitsblättern in Kleingruppen erarbeitet wurden. Situiert ist sie vor dem Objekt einer Ritterrüstung; ihr vorausgegangen ist die Präsentation der Arbeitsergebnisse durch den Schüler Bastian, der erklärte, welche Vor- und Nachteile eine Ritterrüstung bot, welche Menschen keine Ritterrüstung hatten und was das für diese Menschen bedeutete:

Das erste Bild gibt einen Eindruck der Gruppenaufstellung wieder. Bastian und Lasse, die zu einer Arbeitsgruppe gehören, befinden sich links der Ritterrüstung. Mio, der ebenso zur Arbeitsgruppe gehört, ist auf dem Bild nicht zu sehen. Er sitzt rechts von der Rüstung auf einem niedrigen Podest.

Bild 1

Mio: „Ich habe mal selbst eine Frage zu meiner Gruppe (.) Was vielleicht noch ganz interessant wäre (') wie schwer ist es denn (') so eine Rüstung zu tragen und wie viel Schutz bringt sie wirklich gegen so ein langes Schwert (') weil ich kann mit so einem Schwert eigentlich einfach so einmal Pfff [Mio presst Luft durch seine geschlossenen Lippen] (.)"

Während Mio spricht, hält er seine Arme ausgestreckt vor den Körper und hat die Hände umgriffen. Dann führt er die umgriffenen Hände zur Schulter, so als hole er zu einem Schlag aus (Vgl. Bild 2), und streckt seine Arme schwungvoll nach vorne aus (Vgl. Bild 3).

Bastian: „Also (') die Rüstung ist halt (') also ich denk der Schutz (') du könntest halt hier überall schlagen ..."

Bastian streckt seinen linken Arm aus, zeigt auf die Corpusmitte der Rüstung und fährt sie mit der Hand nach unten ab.

Bild 2

Bild 3

Bastian: „... der Ange- (') Gegenüber würde dann halt zum Schaukeln (') also würde dann halt irgendwie zurückgestoßen oder so (') und es würden dann halt Beulen sein (') aber mehr ist dann jetzt da auch nicht ..."

Bastian führt seinen Arm wieder an seinen Körper ran und streckt ihn dann erneut aus. Was zunächst nach einer Schlagbewegung aussieht, transformiert sich nun in eine Zeigegeste, die auf die Mitte des Corpus zeigt (Vgl. Bilder 4, 5). Währenddessen sagt er:

Bastian: „... Außer du schlägst vielleicht fünfzig Mal genau hier in die Mitte (.)"

Mio: „Aber da wäre ich ja tot (.) Aber man kann sich nicht gut drin bewegen (.)"

Die Museumspädagogin meldet sich zu Wort und nimmt auf Mios Eingangsfrage Bezug. Sie erklärt, dass die Ritterrüstung dreißig bis fünfzig Kilo wiegt und der Ritter in Folge dessen nicht ganz so beweglich war. Während die Museumspädagogin noch spricht, erhebt sich Mio von seinem Podest. Er geht auf Lasse zu und dreht sich dann in Richtung des Publikums. Er fragt, ob das Gewicht nicht doch ein Nachteil sei, denn er könne als Bauer ja einfach so auf Lasse zugehen, der sich in der Ritterrüstung kaum bewegen kann, und mit dem Schwert gegen seine Rüstung schlagen. Während Lasse zum Gegenschlag aushole, könne Mio ihm schon ins Gesicht stechen. Die gesamte Szene wird von Mio körperlich aufgeführt: Er holt mit seinem imaginierten Schwert aus und

Bild 4

Bild 5

schlägt zu, indem er seine Hände schnell nach vorne ausstreckt. Dann tänzelt er ein paar Schritte zurück, geht auf Lasse zu, holt erneut zum Schlag aus und sticht in Höhe von Lasses Gesicht kurz in die Luft.

Die Analyse der Szene

Die beschriebene Szene trägt Züge der (Selbst-)Inszenierung und entwickelt zugleich den Charakter einer spontanen und ungeplanten Aufführung. Hinweise auf die (Selbst-)Inszenierung finden sich vor allem in Mios Verhalten. Sein einleitender Satz „ich habe mal eine Frage zu meiner Gruppe (') was vielleicht noch ganz interessant wäre ..." vermag Aufmerksamkeit zu wecken: Zum einen, indem er auf die Ungewöhnlichkeit hinweist, eine Frage zum Thema seiner eigenen Arbeitsgruppe zu stellen, was als Ausdruck von Exklusivität gelesen werden kann; zum anderen, indem er seine Frage im Vorab als „ganz interessant" bewertet. Doch Mio stellt keine Frage, zumindest keine, auf die er eine Antwort erwartet. Stattdessen liefert er die Antwort samt dazugehöriger Performance, indem er sich in die Rolle des Bauers hineinversetzt, der dem unterlegenen Ritter mit einem imaginierten Schwert gegenübertritt und zuschlägt.

Bastian beantwortet Mios Frage, indem er das Kampfszenario zwischen Bauer und Ritter aufgreift, dabei aber deutlich macht, dass der Kampf des Bauern gegen einen Rüstungspanzer aussichtslos ist. Zur Illustration integriert er das Objekt der Ritterrüstung in das Kampfszenario. Dabei malt er sich das Schaukeln des Bauern aus, der infolge seines Angriffs von der harten Rüstung zurückgestoßen wird, sowie die Beulen in der Rüstung, die der Kampf vielleicht zurückgelassen hat. Es zeigt sich also, dass Bastian das Objekt der Ritterrüstung belebt, und mit Spuren versieht, die es als solches gar nicht hat. Seine Geste, die sich vom fingierten Schlag in Richtung Rüstung zur Deixis wandelt (vgl. Bild 4, Bild 5), zeigt, dass er dabei für einen Moment zwischen seiner „formalen" Rolle als Erklärender und der „fiktiven" Rolle als Bauer oszilliert.

Der beschriebene Szenenausschnitt zeigt eine subjektiv-ästhetische Annäherung an ein geschichtliches Thema, das durch geschichtskulturelle Medien über das Mittelalter, in denen Ritter und Ritterkämpfe eine zentrale Rolle einnehmen, mit beeinflusst sein mag. Er zeugt von einem hohen Grad der Vergegenwärtigung und Einfühlung in einen fiktiven, aber an der Geschichte orientierten Inhalt. Deutlich wird das an dem lebendigen Austausch von Argumenten, den verkörperten Rollen, der präsentischen Sprache oder der Einbeziehung einer historischen Rüstung in ein Szenario, das im Hier und Jetzt aufgeführt wird. Dabei zeigt sich, dass im Akt des Handelns sowohl die Wahrnehmung, als auch die Wahrnehmungsverarbeitung explizit wird: Das lässt sich etwa an den Interaktionsprozessen festmachen, denn Mio, Bastian oder die Museumspädagogin nehmen das Handeln des anderen nicht nur wahr, sondern reagieren auch darauf: durch Sprache und Lautlichkeit, durch Blicke oder den Körperausdruck (Gesten, Bewegungen). Dabei werden Zeichen und Imaginationen verknüpft, leiblich ausgedrückt und erfahren.

Der Leib

Wir können bisher also festhalten: Das Museum ist mehr als ein Ort des Sehens. Wahrnehmungsbildung muss vielmehr als leiblicher Akt gedacht werden, bei dem sinnlich Wahrnehmbares aufgenommen und leiblich ausgedrückt wird. Die Unterscheidung von Leib und Körper scheint mir an dieser Stelle zentral:

Nach Edmund Husserl, Begründer der Phänomenologie, handelt es sich beim Körper um ein „Ding unter anderen Dingen" (Husserl XVI, 162), während der Leib erfahren wird und sich in seinem Ausdruck Sinn manifestiert (vgl. Husserl XIII, 68). Für Maurice Merleau-Ponty, der auf die von Husserl vorgenommene Differenzierung von Leib und Körper aufbaut, ist der Leib der Vermittler zwischen Körper und Geist (Seele). Merleau-Ponty bezieht sich in seinem Aufsatz „Das Auge und der Geist" auf das Sehen als einem leiblichen Akt. Was Merleau-Ponty über das „Sehen" sagt, lässt sich jedoch auch auf einen allgemeineren Wahrnehmungsbegriff anwenden, der alle Sinne mit einbezieht. Denn Merleau-Ponty unterscheidet zwischen einem „Sehen", das ein Abbild erzeugt, und einem anderen, das eine Vorstellung in uns entstehen lässt, das durch ein wahrgenommenes Objekt veranlasst, aber von uns selbst geformt wird und deshalb von uns ist. Während er das abbildhafte Sehen als eine „gegenstandslose Wahrnehmung bezeichnet, die aber unsere Vorstellung von der Welt nicht beeinflusst" (Vgl. Merleau-Ponty, 2006, 181), ist das „Sehen", das in uns eine Vorstellung erzeugt, ein „Denken, das streng die im Körper gegebenen Zeichen entziffert" (vgl. ebd., 182).

Diese Zeichen, die Merleau-Ponty erwähnt und die auf das Innerste verweisen, bleiben mir aus der beobachtenden Perspektive verborgen. Es reicht jedoch zu wissen, dass sich im leiblichen Handeln der Mensch als Ganzes zeigt, in seinem Körper und seinem Geist (Seele), und es daher für ihn ein bedeutungsvolles Handeln ist. Dabei offenbart sich ein Potential, das für die Ausbildung des Geschichtsbewusstseins und das Lernen von Geschichte elementar ist. Denn im historischen Gegenstand offenbart sich subjektiver Sinn, der ebenso den Gegenstand zu einem bedeutungsvollen macht.

Damit Situationen, in denen Wahrnehmungs- und Vorstellungsbildung stattfinden, nicht nur dem Zufall überlassen werden, ist es notwendig zu verstehen, welche Voraussetzungen dem Verhalten der Schüler hier zugrunde liegt. Damit rücken Raum und Zeit ins Zentrum der Betrachtung.

Der Raum

Michel de Certeau beschreibt den Raum (*espace*) als eine „Gesamtheit der Bewegungen, die sich in ihm entfalten" und unterscheidet ihn vom Ort (*lieu*), den er als „momentane Konstellation von festen Punkten" begreift (vgl. Michel de Certeau 2012, 345). Der Raum ist also flüchtig und verändert sich mit jedem Laut und jeder Bewegung, während der

Ort in seiner Materialität Bestand hat. Diese Unterscheidung ist zentral, denn in der beobachteten Szene ergibt sich der Raum oder die Bühne, die Mio und Bastian zur leiblichen Aneignung zur Verfügung steht, aus dem Beziehungsverhältnis, das Raum und Ort zueinander einnehmen: Die Szene ist vor der Ritterrüstung, einem großen Objekt, situiert, vor dem so viel Platz zur Verfügung steht, dass sich das Publikum in einem Halbkreis darum formiert und das Objekt gleichzeitig gut wahrnehmen kann. Die Grenzen dieses Halbkreises beschreiben Mios und Bastians „Bühne".

Die Zeit

Weiteres Charakteristikum des Raums ist, dass er sich zeitlich verortet. Das bedeutet zum einen, dass die Gesamtheit allen Handelns an den Aspekt der Zeitlichkeit geknüpft ist, die jeder Handlung zugrunde liegt. Zum anderen bedeutet es, dass der Raum immer aus einem zeitlichen Kontext heraus entsteht, denn jede Handlung steht in Bezug zu dem Handeln, das zuvor stattgefunden hat: „Er [der Raum, H.R.] wird als Akt einer Präsenz (oder einer Zeit) gesetzt und durch die Transformation verändert, die sich aus den aufeinanderfolgenden Kontexten ergeben" (Michel de Certeau, ebd.). Die beobachtete Szene entsteht aus dem Kontext von Bastians Präsentation zu den Vor- und Nachteilen der Ritterrüstung. Mio schließt mit seiner Frage an die Präsentation an, greift das Gewicht der Ritterrüstung als Nachteil auf und entwickelt ausgehend von diesem Gedanken das Kampfszenario zwischen dem flinken, wendigen Bauer und dem schwerfälligen, unbeweglichen Ritter. Die zeitliche Kontextualisierung macht also deutlich, dass dem Kampfszenario eine inhaltliche Auseinandersetzung vorausgegangen ist, die Mio zu der subjektiv-ästhetischen Auseinandersetzung veranlasst hat. Der „Frei- und Gestaltungsraum" (zeitlich), den sich Mio damit aneignet und der im interaktiven Prozess entfaltet wird, entsteht also nicht aus der „Leere", sondern aus der inhaltlichen Vermittlung heraus. Das bedeutet, dass die inhaltliche Vermittlung als Voraussetzung angesehen werden muss, die Mios Handeln mitbedingt.

Abgesehen von dem situativen Kontext, lässt sich die Szene aber auch im zeitlichen Kontext des gesamten museumspädagogischen Programms verorten. In der Präsentationsphase, in der die Kleingruppen ihre Arbeitsergebnisse vorstellen, ist der zeitliche Rahmen eng gesetzt. Eine Präsentation folgt der anderen und macht die Abläufe schnell vorhersehbar. Ein Ausbrechen aus den Routinen, welche die Aneignung eines „Frei- und Gestaltungsraums" mit sich bringt, wirft aus museumspädagogischer Perspektive immer auch die Frage auf, wie sich mit der Zeit weiter haushalten lässt, so dass mit Programmende alle Kleingruppen ihre Arbeitsergebnisse vorgestellt haben. Das macht Mios Handeln – oder auch die Entstehung von „Frei- und Gestaltungsräumen" generell – eher unwahrscheinlich, denn es bedeutet ein mutiges Ausbrechen aus Struktur und Routinen und damit immer auch ein Handeln, das „aus dem Rahmen" fällt.

Schlussfolgerungen und Herausforderungen

Das Verständnis von Wahrnehmungsbildung als leiblichen Akt legt nahe, darüber nachzudenken, wie ein museumspädagogisches Programm für Schulklassen konzipiert sein muss, damit Räume entstehen können, die eine subjektiv-ästhetische Annäherung ermöglichen. Das betrifft zum einen ein Nachdenken darüber, wie Bewegung und Körperarbeit als wahrnehmungsbildende Prozesse in die Vermittlungsarbeit mit integriert werden können, um das eigene Erleben körperlich zum Ausdruck zu bringen. Da gezeigt werden konnte, dass der Raum sich im Beziehungsverhältnis zum Ort konstituiert und in der Zeit verortet, muss dabei ebenso die zeitliche Konzeption des museumspädagogischen Programms sowie die Nutzung und Gestaltung des Ortes mit berücksichtigt werden.

Bei der zeitlichen Konzeption eines museumspädagogischen Programms sollten inhaltliche Vermittlung und „Frei- und Gestaltungsräume" in einer Balance zueinander stehen. Seitens der Museumspädagogik erfordert das vor allem den Mut, Strukturen und Routinen – die schließlich immer auch Sicherheit vermitteln – zu verlassen und sich für Unvorhersehbares zu öffnen. Darüber hinaus ist empfehlenswert, dass bei der Konzeption eines museumspädagogischen Programms die Gegebenheiten des Ortes mitberücksichtigt werden. Da räumliche Enge Wahrnehmungsbildung einschränkt, eignen sich nicht alle Objekte für die museumspädagogische Vermittlungsarbeit mit einer Schulklasse. Faktoren, die bei der Objektauswahl mit bedacht werden sollten, da sie räumliche Enge oder Weite mit bedingen, sind etwa Objektgröße oder die Raumverhältnisse vor einer Vitrine. Die Handlungsmöglichkeiten der Museumspädagogik sind jedoch begrenzt, wenn der Ort die Voraussetzung für die Entstehung von Räumen nicht zur Verfügung stellt. Damit wird die museumspädagogische Vermittlungsarbeit mit Schulklassen auch zum Anliegen derjenigen, die das Museum gestalten: Denn es stellt sich die Frage, welche Handlungsmöglichkeiten der Ort Schulklassen zur Verfügung stellt, dass das Museum sein Potential der Wahrnehmungsbildung einlösen kann.

Literatur

Bodo von Borries (1996). Imaginierte Geschichte. Die biografische Bedeutung historischer Fiktionen und Phantasien. Köln [u. a.]: Böhlau (11).

Michel de Certeau (2007). Praktiken im Raum. In: Stephan Günzel (Hg.): Topologie. Zur Raumbeschreibung in den Kultur- und Medienwissenschaften. Bielefeld: Transcript, S. 343–353.

Edmund Husserl (1973). Ding und Raum. Vorlesungen 1907 (Husserliana Bd. XVI), hg. von Ulrich Claesges. Den Haag: Martinus Nijhoff.

Edmund Husserl (1973). Zur Phänomenologie der Intersubjektivität. Texte aus dem Nachlass. Erster Teil 1905–1920 (Husserliana Bd.XIII), hg. von Iso Kern, Den Haag: Martinus Nijhoff.

Maurice Merleau-Ponty (2007). Das Auge und der Geist. In: Stephan Günzel (Hg.): Topologie. Zur Raumbeschreibung in den Kultur- und Medienwissenschaften. Bielefeld: Transcript, S. 180–192.

Rolf Schörken (1994). Historische Imagination und Geschichtsdidaktik. Paderborn: F. Schöningh.

Nadia Orlopp

Architektur und Raum in der Vermittlung

Weiße Wände, heller Boden, hohe Decken – neutral, licht, erhaben. So sah er lange aus, der perfekte Raum für Kunst, der ‚White Cube'. Quadratisch, praktisch, gut. Doch es gibt mittlerweile auch ganz andere Ausstellungsformen.

Raum beeinflusst

Kunstpädagog/-innen kennen es: Der Raum, in dem Kunst ausgestellt wird, bildet schon die erste Herausforderung in der Herangehensweise an die ausgestellten Werke, ist er doch immer atmosphärisch aufgeladen und damit Rahmen für die Wahrnehmung, Spielwiese der Interpretation und Bühne für die Vermittlung. Szenografie ist die erste Form der Vermittlung, in ihrer Mitte findet Kunst statt. Das Gebäude oder der Raum, in dem sich Kunst befindet, tritt in einen Dialog, eine Interaktion mit der sich darin befinden Kunst und den Gegenständen, genauso wie mit den Menschen. Und es ist wie mit jeder Architektur und Innenarchitektur: Es gibt die verschiedensten Designs für Ausstellungshäuser und Ausstellungen selbst. Durch den Raum wird die Einlassung vielleicht verhindert, vielleicht begünstigt, aber in jedem Fall beeinflusst. Es wird nach dem Ambiente gesucht, was die vermeintlich zu erzielende Wirkung verstärkt, gleichzeitig gibt es jedoch keinen Konsens, wie das perfekte Museum aussieht, was die universell geeignete Architektur für Kunst ist. Die Aussagen in den Diskussionen darum reichen von Kunst brauche nichts weiter als Wände und Licht bis hin zu der Meinung, dass es sich bei Museen um Monumente handele, die Tempeln gleichkämen. So werden offene Strukturen häufig bei moderner Kunst verwandt, handelt es sich bei den Werken doch um autonome und unabhängige Arbeiten per Definition. Kabinettzimmer scheinen nach wie vor für mittelalterliche Malerei adäquat.

Ob eine verstärkende Wirkung mittels der Aura des Raumes erzielt wird, ist bei Ausstellungen umstritten, die dem gewachsenen Anspruch nach Neutralität und Flexibilität nicht gerecht werden. Wenn die Architektur den Werken Konkurrenz macht, diese sozusagen absorbiert und vielmehr zum Aushängeschild wird als die Sammlung selbst, stellt dies auch für die Museumspädagogik eine besondere Herausforderung dar. Von der Einrichtung des Foyers, deren Enge oder große Dimension für einführende Worte bei einer Führung hinderlich sein kann, der Akustik, die stark beeinflusst, wie viel des Gesagten beim Gegenüber ankommt, über die Beleuchtung, die Werke sakral oder banal wirken lässt, die Raumgröße, die Nähe oder Weite erzeugt, die Anordnung der Werke, die weitläufig oder gedrängt ist, und die Wände, die als Achsen oder Barrieren wirken können, bis hin zur Wandfarbe, die Wärme und Emotionalität oder Kälte und Nüchternheit ausstrahlt und vieles mehr: Alles hat Einfluss auf die Rezeption. Je nach Konzept werden die Werke in die Umgebung eingebettet oder hervorgehoben. Je nach Inszenierung ist ein Werk ein Unikat mit Alleinstellungsmerkmal oder eines unter vielen in einer Serie. Gleichzeitig gibt Szenografie vor, wie sich die Besucher/-innen in der Ausstellung verhalten sollen. Es wird beispielsweise zum Verweilen eingeladen oder durchgeleitet, Ehrfurcht evoziert oder zum Anfassen verleitet. Die Exponate werden im vorgegebenen Parcours mit Höhepunkten und Nebenschauplätzen erfahrbar. Dies hat Einfluss auf die Dramaturgie der Vermittlung.

Gleichzeitig übermittelt jede Architekturform und jedes Design auch die Ideologie, die hinter dem Konzept steht. Peter Weibel schreibt, dass: „... jede Ausstellung, jede Präsentation, jede Hängung etwas mit Ideologie zu tun hat ... auch die neutralste Hängung im sogenannten *weißen Würfel* verrät eine bestimmte Ideologie, eine bestimmte Einstellung zur Funktion von Kunst ...". (Weibel 2000, 121)

Raum vermittelt

Der Raum beeinflusst nicht nur die Wahrnehmung der Kunst, sondern auch die Erwartungshaltung der Besucher/-innen, die sie durch Erfahrungen in ähnlichen Räumen mitbringen. Je nach Raumgefüge erwarten sie beispielsweise zeitgenössische Werke oder alte Gemälde. Der Raum ist Kommunikationsmittel, ist Vermittler. Die Kunstpädagog/-innen müssen damit arbeiten. Im Idealfall schafft Szenografie eine Basis für die Besucher/-innen zum Mitagieren, zur Selbstreflexion, wirkt als

Verstärker der Wahrnehmung und verhilft gleichzeitig zum Aufbrechen derselben, während sie auch eine eigene Rezeption zulässt (vgl. Bräutigam et al. 2004, 89). Es geht also im Wesentlichen bei der Raumgestaltung und der Vermittlung durch die Pädagog/-innen um dieselben Wirkungen, die erreicht werden sollen.

Deshalb sollte auch in der Vermittlungssituation ein Bewusstsein dafür gegeben sein, wie man der Strukturierung des Raumes folgt, für das Rhythmische in der Wegeführung und wie man sich einen Raum aneignet. Auch der/die Vermittler/-in muss sich im Ausstellungsraum verorten, um dann Führungsperson, Akteur/-in und Impulsgeber/-in für Aktionen der Besucher/-innen zu werden.

Raum wirkt

Als Vermittler/-innen ‚begehen' wir den Raum einer Ausstellung oft, manchmal mehrmals am Tag. Wir kennen die Situation, in die wir uns begeben sehr genau. Für die Besucher/-innen ist es meist das erste Mal, vielleicht nicht in den Räumlichkeiten der Institution an sich, aber in der Wechselausstellung, die wiederum von Mal zu Mal eine eigene Sprache spricht. Für den Eindruck des Raumes muss daher Zeit eingeräumt werden, bis das Augenmerk wieder auf ein Werk gerichtet werden kann. Je emblematischer die Architektur, je ungewöhnlicher das Display, umso mehr Orientierungszeit brauchen die Besucher/-innen, denn herausragende Architektur bindet Aufmerksamkeit im Erfassen derselben. Im Idealfall kann der/die Besucher/-in einer Ausstellung durch deren Gestaltung in die Situation voll eintauchen. Bereits bekannte Schemata brauchen weniger Aufmerksamkeit, als ungewöhnliche neue Herangehensweisen in der Architektur der Ausstellungsräume. Aufgabe des Vermittlers ist es, ‚Raum' für Beobachtungen aller Art zu lassen und dazu gehört ebenfalls das Raumgefühl.

Spektakuläre Museumsbauten

Als Paradebeispiel für eine misslungene Museumsarchitektur, aber großartige Architektur an sich wird immer wieder das Guggenheim New York angeführt, dessen Tempel der Kunst, eine Spirale von Frank

Lloyd Wright, nach der Eröffnung einen Erweiterungsbau mit klassischen White Cube-Ausstellungsräumen erhielt. Dieser war zunächst so nicht vorgesehen. Kunst und Architektur sollten in dem Spiralbau stattdessen eine spirituelle Erleuchtung auslösen und eine Transzendenz erlebbar machen, wie sie nie zuvor in einem Museum spürbar waren. Sie sollten zur Einheit werden (Wright 1986, 4). Doch für die meisten Besucher/-innen und Kritiker/-innen funktionierte nicht, was sich der Architekt zusammen mit den Auftraggebern erdacht hatte. Heute werden die meisten Ausstellungen für diesen ungewöhnlichen Ausstellungsraum in Situ als raumgreifende Installationen entworfen, ein Zeichen, dass sich auch Kurator/-innen und Künstler/-innen in diesem Raum schwer tun mit klassischen Wechselausstellungen. Die Architektur und das Raumerlebnis überstrahlen die Kunstwerke. Was als harmonisches Raumgefüge geplant war, wirkt auch als solches, aber die Kunst darin geht damit keine Symbiose ein, sondern wird schlicht kaum mehr wahrgenommen, es sei denn, sie reagiert direkt auf den Raum. Nichtsdestotrotz strömen die Besucher/-innen in das Museum, aber eben nicht unbedingt, um die Sammlung zu sehen (vgl. Levine 1996). Der Raum selbst wurde bei Wright zur Kunst. Die Kritiken zeigen, wie abhängig Kunst vom Kontext ist.

Spektakuläre Museumsbauten werden immer wieder gebaut, doch die meisten Architekt/-innen planen genügend Raum für Ausstellungen ein, der vielseitig genutzt werden kann und auf das (neutralere) Konzept des ‚White Cubes' zurückgreift. Das Guggenheim Bilbao zieht Besucher/-innen ebenfalls wegen seiner skulpturalen Form an. Stadtplanerisch ist das Museum ein Coup, weshalb man auch nach der Eröffnung vom sogenannten ‚Bilbao-Effekt' sprach, einem Begriff, der heute sogar bei Wikipedia eingetragen ist. Im Inneren wirkt der Raum oft verwirrend und entbehrt in vielen Galerien einer menschlichen Größe. Selbst riesige Werke wie die von Julian Schnabel oder Richard Serra lässt die Architektur klein erscheinen. Um eine ähnliche Problematik wie bei dem Guggenheim New York von Wright zu vermeiden, wurden jedoch auch gewöhnliche, quadratische Ausstellungsräume eingebaut (vgl. van Bruggen 1997, 112).

Vermittlung der Architektur

Immer wieder werden sich Vermittler/-innen in Museen wie in Bilbao oder New York in der Rolle wiederfinden, viel über die Architektur zu erzählen. „Je mehr die umgebende Architektur als Baudenkmal oder eigenständiges Kunstwerk ‚mitspielt', desto schwerer hat es die Inszenierung, ihren Vermittlungsanspruch zu erfüllen" (Gössel 2004, 74). Genauso überträgt sich dieses Prinzip auf den/die Vermittler/-in, der/die sich an den vorgegebenen Raum halten muss und sich daher meist nur schwerlich in seinem/ihrem Vermittlungsansatz vom Raumkonzept lösen kann.

Vermittler/-innen können sich die Gegebenheiten für eine Führung aber durchaus zu Nutze machen. Im Centre Pompidou kann man beispielsweise schöne Ausblicke auf die Stadt Paris genießen. Sie versprechen Entspannung und lenken ab. Der ein oder andere abschweifende Blick begünstigt aber die Konzentration nach der Zerstreuung wieder. Und der Ausblick kann selbst zur ästhetischen Erfahrung werden, die gleichwertig und im Zusammenspiel mit der Kunst ein Gesamterlebnis der besonderen Art bietet. Blickachsen werden eröffnet, wie man sie sonst in oftmals hermetisch abgeriegelten Museumsräumen selten erwarten darf. Die Eindrücke können sich gegenseitig verstärken. Ein Exkurs hierzu in einer Führung kann diese auflockern.

Spektakuläre Szenografie

Ähnlich wie die Gesamtarchitektur, kann auch die Szenografie zum ablenkenden Motiv werden. Der Effekt eines Werkes liegt dann nicht unbedingt in ihm selbst, sondern ist in die neue Perspektive, die durch Blickachsen und andere Werke, den Raum, Text, Design, Zusatzinformationen, interaktive Lernstationen, multimedialen Einsatz oder das Ausstellungskonzept an sich entsteht, eingebunden. Ausstellungsmacher/-innen konkurrieren heute viel stärken als früher in einem globalen Markt, in dem der Ausstellungsbesuch einem Konsumverhalten gleichkommt und so hat sich das Ausstellungsdesign dahin entwickelt, Entertainment zu bieten und die Ansprüche der Besucher/-innen zu bedienen. „Design und Grafik haben als dominierende Gestaltungsmittel ausgedient und machen neuen Erzählformen Platz, Edutainment ist angesagt, wir sind auf dem Weg vom Display zu Disney" (Steiner 2004, 63).

Die von den Ausstellungsmacher/-innen hierbei vorgegebene Interpretation schränkt den Assoziationsradius für das einzelne Werk gegebenenfalls ein. Was früher allein auf einem Sockel stand, und konzentriert betrachtet werden konnte, wird neu eingeordnet. Es geht hauptsächlich um den Kontext. Die Betrachtung des einzelnen Werkes kann dabei verlorengehen, dient vielleicht nur noch dazu einzelne Aspekte des Ausstellungskonzeptes hervorzuheben, ohne das Werk für sich zu betrachten. Dies kann bei einem einordnenden und Überblick gebendem Ansatz durchaus einen großen Gewinn darstellen, aber auch dazu führen, dass nicht mehr offen in einem eigenen Erfahrungs-,raum' rezipiert wird. Dann ist es sinnvoll, sich als Vermittler/-in und Besucher/-in vom Konzept der Ausstellung zu lösen, um sich mehr Perspektiven erlauben zu können und sich ein Werk intensiv ohne den Kontext anzueignen, der bereits eine Interpretationsweise liefert.

Virtuelle Vermittlungsräume

Gelungene Kommunikation ist Interaktion, wechselseitiger Austausch von Informationen, angepasst an Bedürfnisse und Fragen (vgl. Gössel 2004, 76 ff.).

Digitorials, Apps oder Online-Sammlungspräsentationen werden in der Zukunft eine immer größere Rolle spielen und das Edu- und Infotainment ergänzen. Noch gibt es keinen adäquaten Ersatz für das Erleben des Originals. Noch wehren sich die Museen und Ausstellungshäuser mal mehr, mal weniger zur reinen Aufbewahrungsstätte degradiert zu werden, gerade durch spektakuläre Bauten und Konzepte. Aber es gibt in der vernetzten Welt immer mehr Tendenzen hin zum Virtuellen, zum virtuellen Raum für Kunst, schaffen doch auch immer mehr Künstler/-innen virtuelle Welten. Manches wird sich in der Kunstpädagogik durch die Digitalisierung verlagern und es werden sich andere als die bisherigen Vermittlungswege finden. Ob sie je das direkte Bildgespräch mit Mitbetrachter/-innen vor einem Werk ersetzen können darf bezweifelt werden. Aber die Kommunikation befindet sich im Wandel und ergänzen werden sie die neuen Mittel ganz sicher. Und auch die

Räume werden sich im Hinblick darauf noch weiter verändern. „… wir werden uns an die Integration von Virtuellem und Realem in hybriden Räumen gewöhnen müssen.“ (Wouter 2004, 176)

Für jede Ausstellung werden sich andere Herausforderungen und Chancen im Raum ergeben und ein adäquater Umgang kann oft erst in den Vermittlungssituationen herausgefunden werden. Der/die Vermittler/-in kann bei einer Ausstellungsbegehung dazu anregen, selbst eigene virtuelle Räume vor dem inneren Auge zu entwickeln. Er/sie ist immer nur eine Krücke auf dem Weg zum selbstbestimmten autonomen Entdecken und zur kritischen Auseinandersetzung, kann aufmerksam machen, Anstöße geben und Zusatzwissen bereitstellen. Dasselbe gilt für den Raum, ob virtuell oder real. Im besten Fall können beide ‚ineinandergreifen‘ und so das Erleben der Kunst positiv beeinflussen.

Literatur

Bräutigam, K., Drobnik, M., Nguyen C., Schmerse, S. & Tajeri N. (2004). Inszenierung von Zeit und Ort als szenografische Grundprinzipien. In: DASA. *Szenografie in Ausstellungen und Museen*, S. 80–89. Essen: Klartext Verlag.

Bruggen, C. van (1997). Frank O. Gehry: Guggenheim Museum Bilbao. Ostfildern-Ruit: Hatje.

Gössel, P. (2004). Wahrnehmung und Erfahrung im Museum. In: DASA. *Szenografie in Ausstellungen und Museen*, S. 68–77. Essen: Klartext Verlag.

Levine, N. (1996). The Architecture of Frank Lloyd Wright. Princeton, NJ: Princeton University Press.

Steiner, O. J. (2004). Das Ende der Pionierphase. In: DASA. *Szenografie in Ausstellungen und Museen*, S. 63–66. Essen: Klartext Verlag.

Weibel, P. (2000). Museen in der postindustriellen Massengesellschaft. In: Köb, E. (Hg.). *Museumsarchitektur. Texte und Projekte von Künstlern*, S. 120–128. Köln: Verlag der Buchhandlung Walther König.

Wouters, M. (2004). Pablos Kind. In: DASA. *Szenografie in Ausstellungen und Museen*, S. 171–176. Essen: Klartext Verlag.

Wright, F. L. (1986). The Guggenheim Correspondence. Selected and with commentary by Bruce Brooks Pfeiffer. Fresno: The Press at California State University.

Epilog

Anders Endern

Big-Game-Hunting prohibited. Ein Capriccio

Dieser Textbeitrag ist zu hören unter:

http://www.fabian-hofmann.de/endern_hunting-prohibited.mp3

Autorinnen und Autoren

Herausgeberin und Herausgeber

Prof. Dr. Fabian Hofmann ist Professor für ästhetische Bildung und Erziehung in der Kindheit an der Fliedner Fachhochschule Düsseldorf. Er studierte nach einer Schreinerlehre Kunstpädagogik, Kunstgeschichte und Psychologie an der Justus-Liebig-Universität Gießen. Anschließend war er an der Schirn Kunsthalle Frankfurt tätig, zunächst als Volontär, später als Abteilungsleiter Bildung und Vermittlung. Zu seinen Forschungsinteressen gehören die ästhetische Erfahrung und der pädagogische Umgang mit Kunstwerken.

Kristine Preuß ist Leiterin der Kunstvermittlung im Museum Sinclair-Haus, Bad Homburg. Dort konzipiert sie seit 2009 die Kunstvermittlung in ihrer interdisziplinären Ausrichtung zum Thema „Kunst und Natur". Sie studierte Kunstpädagogik, Komparatistik und Kunstgeschichte an der Justus-Liebig-Universität Gießen und an der Université de Nanterre, Paris. Sie arbeitete in unterschiedlichen Museen (Städel Museum, Schirn Kunsthalle) und Kulturinstitutionen (MONUM Paris, Fotografieausstellung) und absolvierte von 2007 bis 2009 ein Volontariat in der Sammlung Würth, Künzelsau.

Illustratorin

Lena Hällmayer ist freischaffende Kunstpädagogin und Illustratorin. Grundlegende Erfahrungen in der Kunstvermittlung und kulturellen Bildung sammelte sie u. a. als Dozentin im Projekt „Kunst im Strafvollzug an der JVA Butzbach", Leitung des Kunstprojekts JVA Gießen, Kunstlehrerin in der Anna-Schmidt-Schule Frankfurt, Kunstvermittlerin im Fotomuseum Winterthur. Sie ist regelmäßig als Kunstpädagogin in der Kunstvermittlung des Museum Sinclair-Haus (Bad Homburg) tätig. Lena Hällmayer studierte Kunstpädagogik, Pädagogik und Psychologie an der JLU Gießen. Seit dem Studium der Illustration an der HAW Hamburg denkt sie noch mehr in Bildern und Bildgeschichten. Lena Hällmayer veröffentlicht eigene Buchprojekte und Beiträge in Magazinen und anderen Medien.

Autorinnen und Autoren

Elisabeth Bodin is head of learning at Louisiana Museum of Modern Art since 2008 (M.A. Art history). Before this part time lecturer in Museology at University of Copenhagen and positions at various museums in Denmark, mainly with the focus on learning and interpretation. Co-editor of the antology „Exhibitions - between focus and flicker" (2006).

Christoph Deeg ist Berater und Speaker für die Bereiche Social Media, Gamification und Digitale Strategien, mit Schwerpunkt in den Bereichen Kultur und Bildung. Hier beschäftigt er sich neben der digital-analogen Strategieentwicklung mit dem Einfluss der Themen Gaming und Gamification auf die Bereiche Kulturvermittlung und kulturelle Bildung. Als Lehrbeauftragter am Institut für Kulturpolitik der Universität Hildesheim beschäftigt er sich mit den Auswirkungen der Digitalisierung auf die Bereiche Kulturpolitik, Kulturmanagement und Kulturvermittlung. Er hält an verschiedenen nationalen und internationalen Hochschulen und Akademien Vorträge und führt Workshops durch.

Anders Endern lebt und arbeitet in Wetzlar.

Julia Hagenberg ist Leiterin der Abteilung Bildung der Kunstsammlung Nordrhein-Westfalen. Studium der Klassischen Philologie, Geschichte und Kunstgeschichte. 1997 Assistenz im Bereich Corporate Communications, Salomon Guggenheim Museum, New York. 1997–2002 Assistenz im Atelier der Künstlerin Katharina Grosse, Düsseldorf. 1998–2002 Freie pädagogische Mitarbeit in der Photographischen Sammlung/SK Stiftung Kultur, Köln. 2002–2003 Wissenschaftliche Mitarbeiterin, Kunstmuseum Bonn. 2004 Mitarbeit bei der Videonale 10 im Kunstmuseum Bonn im Bereich Kommunikation und Kunstvermittlung. 2004–2009 Leiterin der Kunstvermittlung, Kunstmuseum Stuttgart. Lehraufträge an der Pädagogischen Hochschule Ludwigsburg und der Heinrich-Heine-Universität Düsseldorf.

Kerstin Hallmann ist wissenschaftliche Mitarbeiterin am Institut für Kunst, Musik und ihre Vermittlung der Leuphana Universität Lüneburg. Davor langjährige Tätigkeit als Kunstvermittlerin und Museumspädagogin u. a. Sprengel Museum Hannover, Documenta11 Kassel, Kunstschule KunstWerk Hannover. 2016 erscheint ihre Dissertation „Synästhetische Strategien in der Kunstvermittlung".

E. Laura Heeg ist stellvertretende Leiterin der Abteilung „Bildung – Vermittlung – Kunstpädagogik" an der Schirn Kunsthalle Frankfurt am Main. Sie studierte Kunstgeschichte sowie Allgemeine & Vergleichende Literaturwissenschaft in Mainz und Bologna und promoviert zur mittelalterlichen Abteikirche San Galgano. Nach selbständigen Tätigkeiten in der Kulturvermittlung und einem wissenschaftlichen Volontariat am Historischen Museum der Pfalz Speyer wurde sie Mitarbeiterin der Schirn Kunsthalle Frankfurt.

Prof. Dr. Tibor Kliment, Professor für Empirisches Medien- und Kulturmanagement, Rheinische FH Köln. Studium der Sozial- und Wirtschaftswissenschaften an der Ruhr-Universität Bochum (Diplom), danach Wiss. Mitarbeiter am FB Publizistik an der FU Berlin. 1993 Promotion an der Ruhr Universität Bochum, Lehrstuhl für Sozialwiss. Methodenlehre bei Prof. Dr. Heiner Treinen. Nach Tätigkeiten im strategischen Management von Medienunternehmen sowie in der Angewandten Forschung seit 2003 Professor an der Rheinischen FH Köln. Lehraufträge an zahlreichen Universitäten, u. a. Stuttgart, Bochum, Düsseldorf, Paderborn sowie der Universidad Nuevo Mundo/Mexico City. Fachliche Schwerpunkte: Empirisches Medien- und Kulturmanagement, Marketingforschung, Evaluationsforschung, Kommunikationsplanung.

Astrid Lembcke-Thiel leitet seit 2012 die Abteilung Bildung und Vermittlung des Landesmuseums für Kunst und Natur, Wiesbaden. Ein besonderer Schwerpunkt ihrer Arbeit liegt im Verhältnis von Raum und Kommunikation. Nach ihrer Schreinerausbildung absolvierte sie ein Studium zur Dipl.-Ing. Innenarchitektin und entwarf bereits als Diplomarbeit ein Museum, Ort ihrer späteren beruflichen Entwicklung. Seit vielen Jahren ist sie neben ihrer halben Stelle am Museum als freiberufliche Kunstvermittlerin und Initiatorin verschiedener Projekte und Kooperationen aktiv. Dazu zählen u. a. baukulturelle Bildungsprojekte,

Kooperationen mit Hochschulen, Schulen und elementarpädagogischen Einrichtungen. Sie ist Initiatorin des in Wiesbaden seit 2013 mit allen 38 städt. Kindertagesstätten laufenden Projekts „Der Weg des Löwen". Ab dem Wintersemester 2016 bis 2018 studiert sie als Stipendiatin der Commerzbank-Stiftung den Weiterbildungsmaster „Kulturelle Bildung an Schulen" an der Phillips Universität Marburg.

Katharina Mantel leitet die Abteilung „Bildung und Vermittlung" am Museum für Moderne Kunst in Frankfurt am Main. Studium der Kunstpädagogik, Kunstgeschichte, Psychologie (2005 M.A.), dann selbstständige Tätigkeit am Deutschen Filmmuseum, Frankfurter Kunstverein, Atelier Goldstein sowie an unterschiedlichen Schulen, ab 2008 Volontärin und dann leitende Mitarbeiterin im MMK Frankfurt, 2010 Lehrauftrag für Kunstdidaktik am Institut für Kunstpädagogik der Goethe-Universität Frankfurt am Main, 2017 Mitherausgeberin des Heftes „Kunst und Unterricht" zur Vermittlung von Gegenwartskunst.

Jochen Meister leitet seit 2011 das Referat Besucherservice und Kunstvermittlung der Bayerischen Staatsgemäldesammlungen in München und ist verantwortlich für die Vermittlungsarbeit an Alter und Neuer Pinakothek, Pinakothek der Moderne, Museum Brandhorst und Sammlung Schack. Er studierte Kunstgeschichte an der Freien Universität Berlin. Nach dem Abschluss mit einer Arbeit über spätmittelalterliche Malerei begann er als Praktikant an den Bayerischen Staatsgemäldesammlungen in München, wo er ab 1997 als freiberuflicher Mitarbeiter in der Kunstvermittlung tätig war. Neben der Erziehung dreier Kinder arbeitete er als Vermittler und Autor für verschiedene institutionelle und private Auftraggeber.

Claudia Ohmert leitet seit 2000 die museumspädagogische Abteilung der Kunsthalle Emden. Ausbildung als Grafikerin und Malerin. Arbeitet an der Schnittstelle von Kunst und Vermittlung und setzt interaktive und partizipative Formate der Kunstvermittlung um. Seit 2015 verortet sie diese Projekte im „Labor im Museum", einem in die Ausstellungen integrierten Vermittlungsraum. Lehrtätigkeit an verschiedenen Kunsthochschulen und Hochschulen.

Nadia Orlopp ist freie Kunstpädagogin. M.A. Studium der Amerikanistik, Kunstpädagogik und Psychologie, Aufbaustudium Buch- und Medienpraxis an der Goethe-Universität Frankfurt am Main. Stationen im Kulturbetrieb: Bühnenbildassistenz an der San Francisco Lyric Opera, Projektmitarbeit in der Leseförderung beim Börsenverein des Deutschen Buchhandels, Assistenz in der Galerie Lumas Frankfurt, freie Kunstpädagogin an der Schirn Kunsthalle Frankfurt und der Kinderkunstschule Bad Homburg, Online-Redaktion für mehrere Kultur-Webseiten, Kulturmarketing und -kommunikation für das Kulturamt Frankfurt am Main.

Hannah Röttele ist Kulturwissenschaftlerin. Im Rahmen des geschichtsdidaktischen Forschungsprojektes „Mit der Schule im Museum" promoviert sie an der Georg-August-Universität Göttingen über das Wahrnehmungs- und Rezeptionsverhalten von Schüler/-innen bei einem Besuch im Historischen Museum. Ihr Interesse gilt dabei vor allem der Schnittstelle von Ästhetik und Geschichte.

Julia Schöll ist Kunstpädagogin und freischaffende Künstlerin. Studium der Kunstpädagogik und freien Kunst im Bereich „Neue Medien und Performance" an der Akademie der Bildenden Künste München. Von 2012 bis 2015 war sie Stipendiatin im Studienkolleg der Stiftung der Deutschen Wirtschaft und absolvierte verschiedene Auslandsaufenthalte, unter anderem an der Manchester School of Art zu Kunstvermittlung und ‚Interactive Arts'. Seit 2016 ist sie als Referendarin am Staatlichen Luitpold-Gymnasium München tätig.

Katja Schöwel ist freie Kunstpädagogin und als Kunstvermittlerin an der Schirn Kunsthalle und am Städel Museum Frankfurt am Main tätig. M.A. Studium der Kunstpädagogik, Kunstgeschichte und Neueren Deutschen Literaturwissenschaften an der Justus-Liebig-Universität Gießen. 2008–2010 Volontariat in der pädagogischen Abteilung der Schirn Kunsthalle Frankfurt. Seit 2009 Lehraufträge am Institut für Kunstpädagogik der Goethe-Universität Frankfurt am Main. Am Frankfurter Kunstverein arbeitete sie im Rahmen von SCHULSTUDIO von 2011–2014 mit Jugendlichen projektgebunden zu unterschiedlichen Ausstellungen.

Prof. Dr. Stephan Schwan ist Professor für Lehr- und Lernforschung und leitet am Leibniz-Institut für Wissensmedien in Tübingen die Arbeitsgruppe „Wissenserwerb mit realitätsnahen Darstellungen" (Promotion 1992, Habilitation 2000). Auf der Grundlage kognitionspsychologischer Theorien und Methoden befasst er sich mit dem wissensbezogenen Einsatz digitaler Medien in Museen und der Wirkung authentischer Exponate auf die Besucher/-innen.

Bernadett Settele ist wissenschaftliche Mitarbeiterin für Kunstpädagogik/Kunstvermittlung an der Hochschule Luzern Design + Kunst, aktuelles Forschungsprojekt What Can Art Do? Zur Relevanz politisch engagierter Kunst seit 1960; 2009–11 Leitung Forschungsprojekt Kunstvermittlung in Transformation an der Zürcher Hochschule der Künste, 2007/08 Leitung Secret Service an der 5. berlin biennale, 2007 in der documenta 12 Kunstvermittlung. Mitglied AG Kunst Pädagogik Geschichte, AG Affekttheorie SGGS. Promotion zu kollektiven ästhetischen Situationen.

Sabine Sutter ist wissenschaftliche Mitarbeiterin im Fach Kunstpädagogik und Didaktik der Kunst an der Universität Duisburg-Essen. Studium der Bildenden Kunst an der Kunsthochschule Mainz und der Philosophie und Erziehungswissenschaften an der Johannes Gutenberg-Universität Mainz. 2008–2013 freie Vermittlerin am Museum für Moderne Kunst in Frankfurt/M und Kunstlehrerin in Mainz. Arbeits- und Forschungsschwerpunkte: Kunstpädagogik und Kunstvermittlung aktueller Kunst, Ordnungsbildungen im Kunstunterricht, Bildrekonstruktion, qualitative Erforschung von Bildungsprozessen.

Dr. Dirk vom Lehn ist Senior Lecturer in der School of Management and Business und Mitglied des Work, Interaktion & Technology Research Centres am King's College London. Seine Forschung benutzt Videoaufnahmen zur Analyse von Handlungen und Interaktionen in Museen. Zuletzt hat er ein Buch zum Ethnomethodologen Harold Garfinkel (2012, UVK) und einen Artikel zur Atmosphäre in Museen (2015, mit Brigitte Biehl-Missal) und zur Mobilität in Museen veröffentlicht.

Lern

Gruppe/Individuum

Betrachten

neue Besuch

gemeinsam

Teilen

Diskurs

+ Aneignung

Vermittlun

K

Eth

Medien

Haltung

Einstellun

MACH

Instituti

Habitu

Kollaboration

Konfrontation

Kooperation

spielen
Subjekt
das Existenzielle
Mensch
Heimat Flucht
Partizipation
individuell
Sehen
konsumieren
Biografie
Identität
Körper
Erscheinen
Deterritori
Sinn
Sinne
Phänomenologie
Zeit
bleibend
prägend
Erfahrung
WOW-Ef
magicmo
Flow
nikation
Genuss
affektiert sein
Leidenschaft
Begehren
Transzendenz
LAb
im Mu
Objekt
Li
es
ort
Material
Sehen
Kunst
das Existenzielle
als Widerfahrnis
verschließen
& öffnen
Wirkung
Aura
S
das Politische
das Ethische

Interaktion

lisierung

eKt

nent

Körper

Bewegung

eum

Raum

u

ace

Architektur

Institution

Inszenierung

zenografie